集人文社科之思　刊专业学术之声

集 刊 名：区域史研究

主办单位：中山大学岭南文化研究院
　　　　　中山大学历史人类学研究中心

主　　编：温春来（中山大学岭南文化研究院）

副 主 编：黄国信（中山大学历史人类学研究中心）

REGIONAL STUDIES

微信公众号：Regional_History

投 稿 邮 箱：lingnanculture@126.com

2023年第2辑（总第10辑）

集刊序列号：PIJ-2018-326

中国集刊网：www.jikan.com.cn / 区域史研究

集刊投约稿平台：www.iedol.cn

2023 年第 2 辑（总第 10 辑）

AMI（集刊）入库集刊
中国学术期刊网络出版总库（CNKI）收录
集刊全文数据库（www.jikan.com.cn）收录

区域史研究

REGIONAL STUDIES

主编 ｜ 温春来

社会科学文献出版社
SOCIAL SCIENCES ACADEMIC PRESS (CHINA)

区域史研究
Regional Studies

2023 年第 2 辑
（总第 10 辑）

学人访谈

让人人都觉亲切的历史：区域研究中的小人物与大世界

——程美宝教授访谈

受访人：程美宝

访谈人：朱戈辉*

　　受《区域史研究》贺喜教授的嘱托，我有幸与香港城市大学中文及历史学系教授、系主任，曾在中山大学历史学系任教多年的程美宝老师就区域史研究做一次专题访谈。在港求学期间，我也写过数篇读书报告，但于我印象最深的仍是关于程老师《地域文化与国家认同：晚清以来"广东文化"观的形成》（以下简称《地域文化与国家认同》）一书的报告，这使当时还对历史懵懂求知的我感受到了我们习以为常的观念是一个不断被塑造的历史过程。历史虽与我们有时间之隔，但程老师所做的历史研究一直使我们感到亲切，无论是士人、知识分子，还是事仔、引水人，抑或是从艺者，他们所遗留的历史痕迹都经程老师的文字一幕幕展现在我们眼前。因此，本次访谈也是一次和程老师探讨如何做"让人人都觉亲切"的历史研究的绝佳机会，程老师也在访谈中分享了她对史料、研究课题以及区域定义等问题的理解与反思。现整理成

---

　　*　程美宝，香港城市大学中文及历史学系教授；朱戈辉，香港中文大学 2021 级博士研究生。

文，如有未尽原意之处，责任由我承担。

朱戈辉：程老师您好，感谢您应《区域史研究》之邀出席这次专访。第一个问题我想从您的地域研究开始，您的博士论文是研究广东文化，后修改出版《地域文化与国家认同》一书，再到近年来《遇见黄东：18—19 世纪珠江口的小人物与大世界》（以下简称《遇见黄东》）的出版，我发现您对广东地区有很浓厚的研究兴趣，您为什么会选择这一地区进行研究？是否因为您是广东人，和您长期生活在此有关？

程美宝：选择和自己出生、成长的地区进行研究，其实这样的取向可能是不太好的。我们做历史研究，如果选一个自己不太熟悉的地方大概会更好。我本科并不是历史系出身，当时要转型投入历史研究也花费了一些时间和力气，因此在想题目的时候，很自然而然地想到自己比较熟悉的地方。如果让我重新选择的话，那可能不一定是广东了。但从另一角度来讲，也恰恰是因为选择了广东这个比较熟悉的地区进行研究，我非常坚定地知道，也力图去证明，自己并不仅仅是在做地方史。我并不是想写一本仅仅关于广东历史的书，而是希望在研究方法、思路和课题选择上能呈现一些普遍性意义。我希望我的书被阅读之后，可以引发大家对其他地区、地域的思考。比如《遇见黄东》书中，很多小主题都具有普遍性。因此，虽然研究多聚焦于广东，但我还是希望在研究方法上有一定突破，如此可以引起相关区域研究的共鸣。

朱戈辉：刚刚您也提到您不希望只是做一个关于广东的地方史研究，强调要走出广东，要将广东和其他地域研究联系起来。对此，您也曾发表有关上海地区粤剧发展的文章，① 是从广东以外的城市角度去研究广东文化，可视为一种跨地域的研究。那么您如何看待广东地区以外的广东历史研究？基于您的经验，您认为该如何将跨地域研究付诸您刚

---

① 程美宝：《近代地方文化的跨地域性——20 世纪二三十年代粤剧、粤乐和粤曲在上海》，《近代史研究》2007 年第 2 期。

才提到的"普遍性"意义的实践中去？

程美宝：你的问题使我好像又可以为"为什么有兴趣研究广东地区"这个问题进行辩护。广东地区的确具备一些其他地区不一定有的特质——非常突出的"跨地域性"。广东地区的跨地域性不仅表现为跨城市、跨省的范围，甚至还是跨国的。人与人之间肯定不是割裂的，同样，地方之间必然也不会割裂，我们做历史研究的目的之一，就是去寻找各种联系，去探寻它们之间联系的机制是怎样的。因此我们研究广东区域，能够更加看清地区之间乃至跨国的联系。

在我看来，广东地区的发展很大程度上和18—19世纪中国口岸体系的形成过程紧密相关。19世纪中期以后，一个个埠头在沿江、沿海地区开放，再加上当时正处于科技革新的高速发展时期，交通、传媒等技术的发展，不仅推动粤籍人群向各口岸流动，使得原先囿于广东一地的社会特质在另一地区生根发芽，而且使这些带有地方特质的跨区域流动呈现与19世纪之前不一样的样态。因此，回到你的问题，通过粤剧在上海的发展，我不仅看到的是文化的跨区域传播，更能看到上海粤剧的发展是在怎样的社会机制、历史情境和技术条件中进行的。

朱戈辉：好的，老师，那我想接着上一个问题继续提问。我们知道上海是当时粤籍群体相当集中的一个城市，那除了海外和上海，我们是否还能够在中国其他城市找到一个合适的角度去做广东历史的跨区域研究？

程美宝：这有很多。正如其他省份的人一样，不同城市肯定都生活着很多广东人，比如在科举时代，在京应试的广东士子就设了广东会馆，其他埠头亦有会馆等组织。19世纪中后期，当口岸城市逐渐增加之时，我认为天津也是一个很重要的切入点，该地有一个很大的广东会馆，也有很漂亮的戏台。由是研究地点的选取不应囿于上海，但我们不能忽视，从19世纪中后期至20世纪，上海不仅是交通、贸易的中心，同时也是一个科技、文化的中心，尤其是在20世纪前后，文化传播通过新兴技术达到了新的高度，当时的留声、录音、电影产品迭起。从这一层面看，其他城市又无法取代上海的地位。

朱戈辉：从《地域文化与国家认同》到《遇见黄东》，我看到您分析材料的视角，从中国读书人（知识分子）跨越到了海外群体，呈现出国界上的跨越。如果我们仍以广东文化为例，那么中国读书人视角下的广东文化和外国群体看到的广东文化，比如他们眼中的黄东等群体，您认为这两种视角下的地域文化有何区别？

程美宝：《地域文化与国家认同》一书，为什么会用到"观"这个字呢？是因为其带有意见表达的意思。当时的读书人拥有撰写文字的能力，也可以说是权力，因此他们才能留有大量的文字材料给我们。既然要分析他们的意见表达，该书的研究也自然以读书人为主。反过来说，这本书最初是我的博士论文，我在研究时也很容易被读书人的文字所引导，所以我必须时刻提醒自己这是"他们的观感"。另外，晚清到民国是人们意识转型的重要时期，读书人即士子的自我身份认同逐渐转变成"知识分子"，他们也顺应自己身份认同的转变改写对广东文化的叙述，这种观念形成过程的大背景还是受到当时现代国家观念兴起的影响。

对于那些少有文字资源留存下来的群体，我们也可以换一个角度看，他们不一定不具备识字能力，但也许他们留存文字记录的意识没有读书人那么强烈，即文字书写对黄东群体的内心世界或日常生活来说并不是最为重要的。当然，这也并不等于黄东等人对当时广东的社会、贸易变迁这些现象没有看法。因此，我在做研究时会尝试向下多看一点，除了阅读掌控文字书写的群体留下的资料之外，我也会关注大众传媒的资料，比如连载小说、报刊等。在阅读这些资料的过程中，我一直在思考、反省应该如何再多一点靠近这些缺少文字记录的群体。很多人说我们在做历史人类学，但是否就是说我们去现场做访谈，就是历史人类学呢？还是通过与当代人谈话、访谈、观察当代人的行动与行为，将之转化为思考方法，以阅读史料，换一种视角理解过去？所以，我虽然较早关注到了《遇见黄东》书中的那些材料，但当这些材料越来越具体的时候，我就会想我是否能像人类学那样再多做一步，再多问一些。

朱戈辉：那我的问题可否稍微再具体些，从个体视角来看，柯文（Paul Cohen）教授也曾通过王韬呈现知识分子视角下参与西方事务的工作经历和意识观感，从某种程度上来说，这个人物也和黄东有相似之处，两者都有为西方群体工作的经历，同时也都有往来于中西方交流的经历。刚才我们谈到了两个群体眼中的地方文化，那么您能否再谈下，两个群体视角下清朝和西方世界的互动是怎样的？

程美宝：在《遇见黄东》一书中，我其实也没有以第一人称的视角去分析黄东的经历，因此我很难去说黄东自己究竟有何想法。黄东和王韬其实还是非常不同的，后者是一位报人，而且也是从传统读书人过渡到知识分子的代表人物。王韬不仅知道如何将自己的想法表达出来，而且还会非常细致地描述自己的观察；相反，黄东似乎并没有通过文字表达自己的意识。所以，《遇见黄东》这本书要展现的是一个我如何处理和看待史料的过程。

朱戈辉：所以《遇见黄东》并不是一本叙述广东文化的书，而是呈现您如何去面对这样一个（一些）缺少文字记录的小人物的历史，从而产生的研究思路、方法。

程美宝：《遇见黄东》这本书并不是为了写广东文化而写，但我想要指出的是，广州这个口岸及其所在的广东地区仍有其特殊意义。如果不是珠江口这个常年对外贸易的口岸区域，就不会在19世纪涌现出黄东这批人。因此，广东作为研究案例具有一定的历史情境意义。我也知道很多人可能会问：只有广东会有黄东这样的人，或者只有广东会有这样的情况吗？我会回答：这需要去看不同的时代。广东所处的历史情境的确有一定的政策因素，如果不是因为乾隆皇帝颁布了西洋贸易仅限于广东一口这样的政策，那么像黄东这样的群体可能就会出现在多个口岸，这样我们就能做一些对比的研究。

朱戈辉：基于您所说，我是否可以理解《遇见黄东》这本书并不仅是呈现广东地区一个小人物的社会经历，同时您也是在告诉我们如何去研究那些鲜有文字记录的群体的历史？那么在处理相关史料的过程中，您可以和我们分享一下您的困难或经验吗？

　　程美宝：其实这本书的结构和我真正写作的先后顺序是有些不同的。《遇见黄东》后两章讲仆人、水上人的内容是我较早之前已经完成的，因为那些材料比较多，我在翻查一些广州文献材料时就已经注意到了这些群体，因此已有一些关于他们的短文成形。黄东作为一个故事，我在 2003 年时也在《史林》上发表了相关的文章，① 当时我还是用一些比较传统的研究历史的方法将这一人物的生平呈现给大家。后来我有幸通过 Oak Spring Garden Foundation 的工作坊接触到关于英国东印度公司大班布莱克（John Bradby Blake）的档案，才知道与黄东相关的历史是更为丰富有趣的。在工作坊中，我也并不是唯一一个接触到这批材料的人，参加者都因应自己的长处和兴趣就这批材料写了文章。所以我在写黄东的时候，我会想如果只是纯粹分析黄东是谁，他什么时候去了外国，那么大家其实都会讲成差不多的东西，而且这批史料相对零碎，讲来讲去，我们几乎很难讲得再详细了，那么我们应该怎么去面对这批材料呢？

　　当重新深入去读这批材料的时候，我发现读这种手稿资料的好处，就是我们能够看到很多的"痕迹"。我们一般见到的史料，不少是经过编辑和印刷（不论是版刻的古籍还是现代的排版印刷），最终呈现到我们手上的，是齐齐整整的资料；近年更是许多被数字化，便于搜索。这种史料固然在使用上有其便利，但也使我们失去了一些史料原本携带的"痕迹"。在阅读这批档案的过程中，我经常看到一些痕迹，比如一个×，比如在正文旁添加一处小小的说明，有些用的是铅笔，有些则用墨水，或是写错了就直接涂改。这批档案本质上并不是经过精心编纂的书

_____

　　① 程美宝：《"Whang Tong"的故事——在域外捡拾普通人的历史》，《史林》2003 年第 2 期。

籍，也不是我们现在看到的经过数字化的史料，它其实是布莱克父子和黄东留下各种痕迹的工作笔记。现在做历史研究，很多人认为就是将史料收集之后编辑成文，甚至历史专业的学生也不免于此，这样是很有问题的。黄东那批材料就更不能这样处理，所以我就开始精读，从而看到很多"痕迹"。虽然我不一定知道黄东是怎样想的，但这些痕迹引导我去猜想黄东与布莱克父子的沟通是如何进行的。比如他非常正式地回复皇家学会主席 Joseph Banks 的那封信，我们可以看到他的英语水平，他如何投其所好。如果这些痕迹只有黄东这一个案例，那么大家会觉得黄东是特例，所以我后来将之前所研究的水上人、事仔这些章节拿回来重新改写，并且配合黄东的经历，就是希望告诉大家其实存在黄东这样的一群人，他们分散在当时珠江口中外互动的各个角落。

再回到你的问题，《地域文化与国家认同》中的观念已经不是我的研究问题了，而就广东或广州这样一个大的历史背景下的课题，我之前已经写了很多"是什么"的文章；现在当我遇到黄东这类材料——主要是手稿，我更应该思考我该如何好好地利用这些史料，去开拓不一样的研究方法。这是我希望读者从《遇见黄东》一书中能够看到的。

朱戈辉：您的解释使我想到自己在读书或是研究时会遇到的一个考量，那就是我们需要在长时段下去解读一个历史过程，比如您的《地域文化与国家认同》一书就呈现了从清末到民国这样一个时段下读书人观念、意识的形塑过程。那您刚刚也提到黄东群体虽然缺少文字材料，但是这些仅有的材料所呈现的痕迹也十分重要，由此我们得以猜想当时这一群体是如何在中西互动中生存的。那您觉得这些有限的书信，相较于我们习惯用长时段去看待历史问题的思考模式，其中是否存在一些我们难以克服的限制？

程美宝：有关黄东的材料虽然不多，但其实我们做历史研究的都知道，大量的材料不仅散落在世界各地，而且十分零碎，甚至逐渐消失，难以留存。即使我们专门去做一项档案汇编，也只是处理了沧海一粟。我将黄东的经历和其他小人物的历史串联起来，一方面是想说明黄东不是一个孤立的个体；另一方面，刚才你谈到长时段的研究考量，其实黄东这个群体所处的时段，要比《地域文化与国家认同》一书涉及的时间跨度更长。黄东等人在 18 世纪已经存在，从时间早晚或跨度来讲，其实比晚清至民国读书人观念的转变时期要更长。所以，《遇见黄东》一书其实更能挑战传统近代史在时间分界上的界定，尤其是我们习以为常的以 1840 年代鸦片战争前后为近代史开端的断代时间点。

朱戈辉： 那接着一个小问题，您刚才也提到《遇见黄东》一书所处理的材料中有一部分是黄东的亲笔书信，另外则是从布莱克和其他外国人的经历中去寻找黄东等小人物的蛛丝马迹，那您怎么看待、分析这种第三方视角下的材料？

程美宝： 这些资料虽然大多不是从黄东本人出发，但它们的确是一手资料，只不过并不能直接呈现黄东的个人感受和观察。但正如我之前所说，这种工作笔记是布莱克父子和黄东为了做某件事而直接留下的文字记录，所以这些材料有其独特的价值。我们习惯于从材料中总结某一人物是一个怎样的人，他的生平如何如何，等等。但与黄东相关的材料，其独特之处在于他们的交流是真的在处理一些很实际的问题，比如他们会讨论这个药如何使用，布莱克会让本地人（很可能就是黄东）帮忙找寻和购买《本草纲目》一类的书籍带回国，这让我知道原来外国人对这类中国书籍是感兴趣的，我也可以根据他们对药物的询问和解释去猜想其中产生了怎样的问题。这些问题并不是为了应对另外的文化而答出的抽象的观念问题，而是更为直接且实际的交流。因为书中涉及的中英两方都并非他们所处社会的上层阶级。布莱克在英国社会其实处于中层，恰恰因为如此，他们愿意来广州冒险，希望来捞一笔。有些外国人虽然表达出对中国的观感，但是可能并没有来到中国的真实经历，也无法像布莱克一样提出真实而直接的问题。黄东等人是中国社会中地位低到不能再低的小人物，他们因为生计为外国人打工，在本地还很可能会被人看不起，但他们还是愿意做，黄东自己甚至还愿意去英国看看，大概因为这样他可以赚到更多钱。因此，黄东等人所处的阶层视角，不同于我们习惯的传统读书人、中西官员的视角，而这也是我想呈现给大家的研究历史的视角，我们也应该对这种视角多加关注。

朱戈辉：接下来的问题和我们经常遇到的"缺少材料"的困境有点关系，像黄东这样的小人物，他们的材料其实已经非常少了；您在之前的研究中也提到我们现在看到的史料，很多都是经过重新编辑，同时很多地方性的知识（文化）也在经历重新整理，[①] 那么这种趋势之下，您认为缺少文字的历史还可以被撰写出来吗？我们应该怎么样审视、使用如今可获得的材料？

程美宝：我们每天都在面对不同的变化，但历史学的训练就是一直逼我们在一个更宽的时间线上去看到各种材料存在的形态，同时也要看到每一种材料的可用性和局限。如果我们不是历史学人，可能处理材料的方式会停留在收集和编纂成文的阶段。但我认为对史料进行仔细审慎（critical scrutiny）的分析是我们做历史研究的基本功，就好像去探寻有关黄东材料中的诸多"痕迹"。很多时候我们认为研究受限于材料的数量，但作为历史学人，我们需要不断去拓宽材料可使用的边界，去探寻更多的可能，这样对做历史研究和保护历史材料都是有好处的。

朱戈辉：非常感谢您分享处理史料的经验，我也非常认可我们不应该局限于写成一篇汇集资料的文章，我们应该去发掘史料的可能性，去创造更多视角供我们解读过去发生的事迹。我在想您的这种经验是否可以应用到我们最初谈到的历史研究需要具备一定的"普遍性"意义的问题上，那在处理这些比较细碎却难得留有痕迹的史料时，我们应该如何把握这些史料与大的历史问题之间的联系？

---

① 程美宝：《地方史、地方性、地方性知识：走出梁启超的新史学片想》，氏著《走出地方史：社会文化史研究的视野》，中华书局，2019，第5—11页。

　　程美宝：我可能要反问你大的历史问题是什么。一个区域并不是仅仅由那些大的城市连接起来的，其中往往有很多层次，这个和施坚雅（William Skinner）的关怀有关。但就我的关怀来讲，我在日常生活中会见到很多人，我就很想去了解他们的历史如何被人关注以及书写出来。以前我们总是看很多的文字材料，但现在我们已经可以逐渐获得很多关于"声音"的材料，在听完这些声音，比如了解了这是哪张唱片，这是哪部电影之后，我们是否还能从中研究出更多的东西？于我而言，相较于写出来的文字材料，我更想要去探索声音能够在我们分析、使用史料上会开辟出何种新的研究思路。

　　朱戈辉：您说的有声材料，比如录音、电影、唱片，主要是从 20 世纪初开始流行起来的，那么这些比较口语化的声音材料和流传已久的竹枝词、歌谣等材料是否会有一点相似之处？

　　程美宝：会有一点相似，只不过流传下来的竹枝词和歌谣仍然属于文字材料。① 这些材料当然也有可能提供一些很好的角度供我们研究，但正如谈到对材料的解读过程，这些材料对我们理解"声音"的世界究竟有何意义？这其实跟处理黄东那批材料有相似的考量。就好像在做实验一样，随着更多声音材料的出现，我会思考这对我们原先习惯使用书面文字去研究的那些历史问题有什么样的帮助，是否会有新的角度和方法。

　　朱戈辉：所以，对于所谓的"大的历史问题"，是否也可以理解为我们应该不断去探索我们对历史材料的使用方法？

　　程美宝：这是其中一个重要的方面。

　　朱戈辉：您刚才提到了施坚雅理论对区域研究的影响，这与《区域史研究》的创刊也有一定的学术联系。郑振满老师等也曾指出区域

---

　　① 程美宝：《地域文化与国家认同：晚清以来"广东文化"观的形成》，生活·读书·新知三联书店，2006，第 119—133 页。

研究很长一段时间内受到施坚雅理论的影响，是和市场紧密相关的。[①]您的研究多从文化层面出发，那您如何看待这两种视角下的区域研究？它们是否可以进行对话？

　　程美宝：我虽然不是专门做经济史的，但是我们不能说文化史背后没有经济，否则城市的层级和区域之间的关系就无从说起。我们刚刚说的那些大城市，都是较高层级的中心城市，如上海、广州等等，逐渐形成如今我们看到的规模。我们会去探讨它们在历史发展中出现的政治、经济因素，从而去解读它们在地区中的意义。同时大家也在关注不同层级的市场，当然还有更多对内陆地区，或其他中小城市的研究也正在进行。我认为文化并不是一个纯粹抽象的东西，它也是一个产品。我在《史学理论研究》中发表过一篇文章，画了一张以粤班流动为例的粤语声域示意图（见图1），可以说明文化产品和区域流通之间的关系。

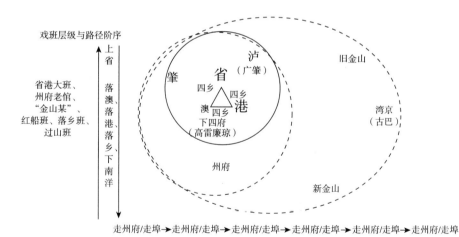

图1　以粤班流动为例的粤语声域示意

资料来源：程美宝《国别思维与区域视角》，《史学理论研究》2022 年第 2 期，第 22 页。

① 郑振满等：《区域史研究的问题导向》，《区域史研究》2020 年第 1 辑（总第 3 辑），社会科学文献出版社，2020，第 5 页。

上海是中国近现代媒体产业发展的先驱城市，把歌曲唱出并灌片的人需要亲临上海，将自己的声音通过上海的媒体技术"生产"出来，再销售出去。这些声音的产品被卖到不同层级的市场，那这个过程中必然涉及市场运作。所以文化并不抽象，特别是当它变成一个商品，例如一张唱片或一部电影，它就成了一个能被买卖交易的货物。过去的广东戏班，不论是落乡、到城市戏院、来往省港（广州和香港）、北上到上海，还是走埠到南洋或金山，都是一群人亲抵当地。在这一"卖戏"的过程中，人的技艺也是一种货物。唱片技术出现之后，戏班虽然还在运作，但却有另外的可能性，人的声音可以不必通过"真人"贩卖。跟着就是有声电影，这也是一个商品。这些商品的买卖都是利字当头的，不会被运至无法获利的地区。这和我们原先熟悉的货物流动、劳工流动的市场逻辑是相当一致的。

虽然我们往往会区分商业史、文化史或贸易史等类别，但我们的前辈学人提出了一个"整体史"的概念。你在做文化史的时候，就不可避免地要考虑到商业史的研究思路，哪怕你不精于此，但要知道这一研究思路的存在。就我的经验而言，我尽管倾向于聚焦文化产品本身的生产、传播以及流通过程，但也意识到了商品市场的存在及其对文化产品本身的影响。

朱戈辉：那您觉得和我们比较熟悉的鸦片、茶叶这类货物相比，这种文化产品在市场中的流通模式一样吗？

程美宝：这很难说，不同货物的流通形式大概不尽相同。文化产品多和娱乐消费有关，很多会牵涉到技艺、语言、音乐、乐器等元素，最终形成一种社会潮流。就好像流行歌曲的迭代，不同年代的人喜好不同，背后也是人们消费态度的变化。

朱戈辉：施坚雅根据货物流通的体量、聚集的模式，划出了不同的市场层级，那您觉得如果是文化的影响、传播形态，区域划分是否会有所不同？

程美宝：施坚雅其实只是给我们提供了一个参考模型。所谓货物流通也只是其中一个衡量元素，这套理论的背后主要还是古典经济学的研究思路在支撑。那文化产品是否会产生不同的区域理论，这其实又要回到刚才关于文化产品与茶叶、鸦片的问题上。它们涉及的其实也是一个经济学的问题，即货物的流通情况还是要根据不同市场的消费需求去分析，其中有很多影响因素，比如货物的性质、消费者习惯等，我们很难直接定论是否因为该货物属于文化产品，就影响了流通区域的变化。

朱戈辉：我发现您的研究中出现了很多对地域的定义，比如《地域文化与国家认同》一书中是"广东"文化，《遇见黄东》一书的题目则是"珠江口"这样的地域范围，以及在《省港澳大众文化与都市变迁》一书中讲的是省、港、澳三座城市之间的文化互动。虽然都是在广东地区，但是您使用了不同的词语定义您的研究范围，您认为这些地名的定义有何区别？

程美宝：对，这些地域名称的选择都是经过思考的。最初定下"广东文化"，主要是考虑到 19 世纪末的人是如何思考他们对广东地区产生的学术、文艺事务的态度，在民国读书人的叙述中产生了"广东文化"这样的词语，所以我其实也是用回他们当时的说法。但是"广东文化"也必然是一个会被质疑的概念，因为广东是一个省，并不是所有在广东生活的人都会认可读书人所描述出来的"广东文化"。也正是源于这些"质疑"，我得以去研究这个被质疑的概念（"广东文化"）在历史上是如何形成的。

那么对"省港澳"的定义，其实也来自当地人的说法。我们广东人一直都有这种说法，比如某某货品、某某人物驰名省港澳。虽然这是大家曾经习以为常的话语，但已经逐渐产生歧义，经常有人问其中的"省"是不是广东省，我常常要去解释其实"省"指代的是省城，简单来说即广州。一直到 20 世纪 80 年代改革开放时期，当时组织的两地足球赛，也都是叫"省港杯"；回到更早的历史中去的话，我们也知道民国时期发生的省港大罢工。所以"省港澳"这样的定义，也是源自对历史现象的释义，并不是我创造出来的。而我们如今熟悉的"粤港澳"这样的地域名称，差不多是 1997 年之后出现的概念。这其实是一种由政府主导的，自上而下形成的地域定义，因为广东是作为内地的省份，港、澳是两个特区，因此国家层面更为强调行政区域之间的联系。基于历史的渊源，我在书中使用"省港澳"这一定义是希望强调城市之间的关系。甚至，城市之间的联系不一定会局限于省份，可能还要加上上海——省港澳沪，这种定义很大程度上是基于历史上人口、文化、经济的联系。①

对于"珠江口"的定义，当然，我也可以把《遇见黄东》的书名改为"18—19 世纪广东的小人物与大世界"之类。但是因为有那群集中在珠江口的引水人的存在，我希望用珠江口这样一种地理上的状貌去呈现在地人们的生计环境，也恰恰是在珠江口这么广阔的谋生环境之下，黄东等人才能同时去面对西方（海外贸易）和内地（比如省城和西关）两个世界，使我们可以勾连当时的海外世界、澳门以及广州。因此，我希望通过地名的表达来激发读者对这一区域的想象。珠江口的世界其实很大，省港澳等城市处于其中，它们在历史上，甚至至今都存在着有机的联系。而"广东文化"则是一个较为抽象的话语。

朱戈辉：所以我们应该尽量避免去创造一个地域，而是去理解我们要研究的对象是如何看待他们所在的区域？

程美宝：我们做历史研究，不仅要用回当时人的观感表达，同时也要去理解、分析这种观感的形成。用回他们的词汇本身就是一个研究过程。

朱戈辉：最后一个问题，在阅读您的著作的过程中，我时常感受到

---

① 程美宝：《城市之声西关音：由省至港及沪》，《中国语文通讯》第 99 卷第 1 期，2020 年。

您在和一些历史人物，或者说是在一定的历史情境中和他们进行"对话"。特别是在《遇见黄东》一书中，您写了很多您如何发现这批材料，以及您如何发掘黄东这个小人物的历史痕迹。从中我们知道并理解了您是如何处理他们留下来的文字记录以及我们一直在谈的"痕迹"，您的这种叙述模式，是不是也在向读者或历史学者阐述您理解这段历史的过程，从而加深我们对这段历史的理解？

程美宝：我写这本书的时候，在定位方面也挣扎了很久。一方面，黄东并不是唯我独有的历史故事。BBC 中文网络版也报道了黄东的故事，说他如何"学贯中西"，这是当代媒体惯于用这类视角去吸引观众的一种写作方式。因此我刻意用一个和潮流媒体不一样的视角去解读黄东这个人物。另一方面，这也和我的写法有关。黄东这批材料，如果用从一写到十的叙述模式，会缺少吸引力；同时材料也有一定的局限性，很容易受到"代表性"或材料不足的质疑，所以我就在一开始和大家讲述我是如何去处理这批材料的。我在写每一本书时，是希望思考的角度和写作方法都有所不同。比如我写的第一本书《地域文化与国家认同》，它源自我的博士论文，但是博士论文并不等于一本可供阅读的书，其中的学术回顾很多时候是以罗列总结为主，我们没有真正去了解我们想如何与历史对话。因此，为了写成一本书，我需要尽量抽离原先博论时期的架构，我用了差不多十年的时间将其改为可以出版成书的结构。这种写法主要是针对博士论文的修改，其中涉及很多学术论点。到了写《遇见黄东》这本书，我不仅需要跟材料进行"对话"，而且要力图亲近黄东这一群体。所以我在写作时会呈现我如何与这一群体相处，因为我知道我之前是不明白黄东这群人的，所以我想在写作的过程中，在分析材料的过程中，去明白他们，这其实就是历史学的另一个重要目的。于我而言，我可能更希望在日常生活中去明白不同的人，和社会学、人类学有点类似，只不过我是通过历史，从现存的痕迹中去理解过去与当下的人们。

专题研究

利归何处：南宋广西盐法变革与边疆政治[*]

胡小安 李岱霖[**]

摘　要　宋代两广盐法发生多次官般官运和商销商运的调整变化，其根本原因在于广西、广东存在地方漕计与军费、商利、民赋之间的矛盾：广南东路商人力量大，因而商运有利于商税和广东财政；广西商人力量小而军事重要，因而官般官运有利于广西财政。造成盐法变化和两广矛盾的正是利益的分配，宋王朝中央既是事情的始作俑者，又是解决问题的最终裁决者，但是地方官府与地方力量的惯性和博弈能力不可小视。从两广盐法变化中牵涉的广南西路中代表不同身份的地方官员之间、官与商之间、广西广东两路之间的矛盾来探究问题，发现盐法的变化情况也是地方政治与王朝政治博弈的缩影，从而进一步从多方关系的角度来思考宋代盐法的变革和运行。

关键词　南宋　广西盐法　两广关系　边疆政治

盐在宋代尤其南宋的广南西路中扮演了重要的角色：一则它是财政的主体，二则它随时牵动两广的关系，三则它是对付"蛮夷"的手段

---

*　本文为2017年国家社科基金项目"宋以来湘桂黔毗邻地区的族群建构与国家认同研究"（17BMZ024）阶段性成果。本文曾在"国家与市场：明清以降西江流域社会建构"学术研讨会（中国梧州，2017年）上宣读。对评议人和本集刊匿名评审人的宝贵意见，在此深表谢忱。

**　胡小安，广西民族大学民族学与社会学学院历史系教授；李岱霖，山东大学历史学院博士研究生。

之一。正因为如此，有宋一代，两广盐政呈现纷繁复杂的局面。尤其自南宋时期广南西路买马体系形成之后，广南东西路的食盐运销问题日益凸显。广西路盐法采取官般官运还是商销商运，一直争论不休，几经反复。其核心是两广的利益之争，以及朝廷的财政政策和对西南的关注程度，因此不纯粹是经济问题，更是一个政治问题。就笔者目力所及，当前研究两宋广盐的成果并不多见，其中台湾学者梁庚尧《南宋广南的盐政》是最为详尽的开创之作。① 不过他主要是从传统的经济制度史出发，重点关注广盐的生产、运输、价格、赋税、盐法变化的几次争论，没有明确从王朝国家之中央与地方以及两广关系出发来观察广盐争论及其原因，这就不能深刻了解盐政变革的真正内涵。仲伟民、王建军从广西财政、两广竞争等方面对广西食盐官卖做了分析。② 林日举深入分析了广南盐在南宋几次变更盐法的原因，指出是南宋政府为解决紧迫的资国赡军费用，自绍兴年起就给两广确定了繁重的卖钞岁额，但在实行钞盐法的过程中，东、西路没有足够的地方财用，使得资国赡军与地方岁计发生严重矛盾，从而导致广西盐法的频繁变更。③ 这就点到了两广盐政问题的要害之一，即朝廷过度侵夺两广尤其广西之利。庞广仪沿着上述路径，继续梳理北宋至南宋广西盐法的历次变革过程和影响。④ 笔者拟在此基础上，以盐法变革引起的中央与地方之争论及各种当事人在其中的行动为视角，探讨导致盐法变革的各方博弈的内在理路，重新检讨南宋广西盐政与边疆政治问题。本文所指中央，主要是指以皇帝为中心的朝廷，地方则主要指地方官府，也兼及地方其他力量。

---

① 梁庚尧：《南宋广南的盐政》，《大陆杂志》第 88 卷第 1—3 期，1994 年。
② 仲伟民、王建军：《宋代广西地区的盐业和盐政》，《盐业史研究》1988 年第 2 期。
③ 林日举：《南宋广南的钞盐法》，《中国社会科学院研究生院学报》2002 年第 6 期。
④ 庞广仪：《宋代广南西路盐法变革历史研究——钦廉盐业史研究系列之三》，《北部湾大学学报》2021 年第 5 期。

一　绍兴年间广西盐法变化与央地博弈

广南东、西路盐场是宋朝最南边的盐场。东路主要分布在广州、潮州、惠州沿海，西路在今北部湾沿海包括廉州、高州、化州、雷州，南宋初新添钦州。① 东路产量多且质量好，西路则稍逊色。长期以来，两路盐的销地主要在本路，但也有行销江西和湖南南部的时候。北宋时期两路盐大部分时候是由本路官般官卖，其收入在于维持州县需要，广南的盐税收入并不是朝廷关注的重点，甚至朝廷每年还能以巨额岁赐支持广西，即周去非所言"祖宗盖以广右西南二边，接近化外，养兵积威，不可不素具，故使常有余力也"。② 但宋室南渡之后，由于中央财政紧张，情况就发生了变化，两广盐成为"天子南库"，③ 在财政上已具举足轻重之地位，因此出现了朝廷反复变革广西盐法的做法。

根据史料及前人的梳理，广西盐法在官卖与钞卖（商卖）间几经反复，过程大致如下：北宋宣和末年曾在广西试行钞盐法，但政策较松，没有触及地方财政的根本利益，南渡之后复行官般官卖；绍兴八年（1138）广西正式行钞盐法［建炎四年（1130）广东已率先实施］，至乾道四年（1168）广西复官卖；乾道六年再行钞盐法，④ 淳熙元年（1174）复行官卖；至淳熙十年再复客钞，淳熙十六年再行官卖，此后

---

① 王存：《元丰九域志》卷 9 广南东路篇、广南西路篇。详细的考订参见梁庚尧《南宋广南的盐政》，《大陆杂志》第 88 卷第 1—3 期，1994 年。

② 周去非著，汤武泉校注《岭外代答校注》卷 5《财计门·广西盐法》，中华书局，1999，第 182 页。

③ 孔凡礼辑《范成大佚著辑存》，中华书局，1983，第 74 页。

④ 一说乾道八年，见《宋会要辑稿》食货二八淳熙元年二月五日条，广西运判赵善政言："广西盐法再行官般，缘乾道八年罢官般行钞法之后，本钱及舟车之属必无存者。乞权于帅、漕司应干诸色钱内借拨应办。"

直至南宋末没有变化。① 其实每次变化背后牵涉的人和事及其关系并不完全一样，从中可以窥见区域社会的复杂性。

钞盐法，南宋史籍中亦称为"客钞法"，或简称为"客钞"，实质上是一种政府控制下的食盐商卖制。关于该制的起始，学者认为始于北宋庆历八年（1048）范祥的"见钱法"，② 并认为钞盐法的利益核心，是由行在榷货务运销经营，所得盐利直接归朝廷所有；而官般官卖制下，一路盐产的运销大权往往由转运使掌控，所得盐利主要用作本路岁计。③ 不过在广西盐法几次变更的过程之中，漕司也曾掌握钞盐的控制权，盐利也不一定用于一路岁计，但最终演变为帅司掌握官卖盐，其中有广西边疆的特殊因素。

绍兴八年广西初行钞盐之时，并没有引起各方过多的争论，而且坚持了 30 年。这是因为绍兴初中期宋王朝在南方民族地区有较大的退让，广西边疆整体较为平静，所需备边经费也相应缩减；加上荆湖一带抗金形势严峻，朝廷从两广盐利中抽取经费支持前线，属于王朝国家头等大事，地方再有怨言也不敢反对。当然，这个过程中朝廷也采取了其他办法对广西地方财政予以支持。淳熙年间广西运判王正己云："绍兴间通行客钞能三十余年者，以西路有折科招籴之类。"④ 同时期任广东提举

---

① 周去非著，汤武泉校注《岭外代答校注》卷 5《财计门·广西盐法》，第 182—184 页；《皇宋中兴两朝圣政》卷 55—64；徐松辑《宋会要辑稿》食货二六至二八的相关记载。亦见仲伟民、王建军《宋代广西地区的盐业和盐政》（《盐业史研究》1988 年第 2 期）、林日举《南宋广南的钞盐法》（《中国社会科学院研究生院学报》2002 年第 6 期）的梳理。但林文认为广西于绍兴二年行钞盐法，此说存疑，因《岭外代答》卷 5《财计门》明确说是绍兴八年，《宋会要辑稿》食货二六亦云："绍兴八年六月六日，诏：广东、西钞盐以十分为率，内二分产盐州县零卖人户食盐各不出本州岛界，余八分行钞法。"同书绍兴十二年九月八日有臣僚亦提到"绍兴八年改法，客卖淳盐"。

② 戴裔煊：《宋代钞盐制度研究》，中华书局，1981，第 11 页。"见钱法"亦称"盐钞法"，见仲伟民、王建军《宋代广西地区的盐业和盐政》，《盐业史研究》1988 年第 2 期。

③ 周去非著，汤武泉校注《岭外代答校注》卷 5《财计门·广右漕计》，第 179—180 页；戴裔煊：《宋代钞盐制度研究》第 12 页。包伟民教授提到当时广南东、西路和福建路均属此种情况，见氏著《宋代地方财政史研究》，上海古籍出版社，2001，第 39 页。

④ 《皇宋中兴两朝圣政》卷 60，孝宗淳熙十年春三月条，第 2238 页。

常平茶盐的韩璧也说："（西路）往年改行钞法时，自有漕司应副，逐州取拨窠名数目，可举而行。又朝廷颁降祠部及会子钱，计四十万下西路漕司，通融为十年支遣。及诸州各有漕司寄桩钱，以此随其多寡，应副诸州阙乏之数，使足以供公上、赡官吏、养兵备边，则可以坚客钞之行。"① 当然这些说法比较笼统，而以乾道年间在广西任职多年的周去非的记载最为详尽：

> 绍兴八年，诏二广盐，通行客钞，专置提举一员于广州，尽领两路盐事。又以西路远阔，又令广西提刑兼领西路盐事。时杨么扰洞庭，淮盐不通于湖湘，故广西盐得以越界，一岁卖及八万箩，每箩一百斤，朝廷遂为岁额。每一箩钞钱五缗，岁得四十万缗，归于大农。内有八万四千四百缗付广西经略司买马，三万缗应副湖北靖州，十万缗以赡鄂州大军，余悉上供。于是漕计大绌，无以备边，乃取诸郡民间税米，等第拨往边州输纳，别以钱和籴，充诸郡岁计，每一石为钱五百足。边州宿兵，岁饷二十三万二千余石，而边州止管税米一十一万九千余石，故不免科拨他郡。
>
> 至绍兴十一年，民以病告，乞将支移边州米，就本州纳钱。漕司上请，从之。每石折钱四缗足，尽贮于漕司辛字库，用以支付边州，漕计大优。议者谓边郡米一石，价止数百钱，遂裁减至二缗，而漕计犹有余也。时淮盐已通于湖湘，客钞遂不登额，提刑兼司，极力招诱，岁止卖及五万箩。言事者又谓客钞既不登额，不若复令漕司自卖官盐，而除民折米和籴之扰。于是广西漕臣复领本路盐事。②

---

① 《皇宋中兴两朝圣政》卷60，孝宗淳熙十年九月丁未条。关于"寄桩钱"，广西漕司有"寄桩库"（张栻《南轩集》卷23《答朱元晦》），《岭外代答》卷5《财计门·广西盐法》（第183页）也提到漕司的"辛字库"，看来编号还不少。

② 周去非著，汤武泉校注《岭外代答校注》卷5《财计门·广西盐法》，第183页。

　　因《岭外代答》作于周去非致仕归里之后的淳熙年间，这里叙述的可能是从绍兴八年到乾道九年之间两次推行钞盐法的经过。因为是周去非事后的一个综述，故在时间上有混乱之处。其中关于绍兴八年初行钞盐时，专置提举一员于广州而总领两路盐政之事，不见其他史料的记载。而据《宋会要辑稿》，二广盐司合一有两次，一次在乾道元年，另一次在淳熙十二年，① 这里估计是周氏误记。

　　按照周氏记载，绍兴八年钞盐法实施后不久，广西就出现了"漕计大绌"的局面，原因是朝廷尽夺了广西盐利："岁得四十万缗，归于大农。内有八万四千四百缗付广西经略司买马，三万缗应副湖北靖州，十万缗以赡鄂州大军，余悉上供。"不但如此，以广西提刑兼领西路盐事，等于剥夺了漕司的重要财权，而地方州县的财政补贴还得漕司负责，② 这不能不引起漕司的反弹。按理说，漕司本身主要是朝廷在地方理财的机构，首要任务是"足上供"，③ 那为什么朝廷不继续以漕司领钞盐事，而要另起炉灶呢？合理的解释是此时漕司已经基本成为地方财政机构，④ 有自己的利益，在改钞卖问题上持反对态度，才迫使朝廷如此安排。

　　在漕计困难（即漕司自身利益受损和州县财政困难）的情况下，朝廷乃答应漕司"取诸郡民间税米，等第拨往边州输纳，别以钱和籴，充诸郡岁计"，即允许漕司大做粮食生意，以不等价的交换获取巨额利润。根据上引周去非之记载，一度达到"每石折钱四缗足"，而"议者

---

① 徐松辑《宋会要辑稿》，食货二七乾道四年六月四日条，职官四五提举茶盐司淳熙十二年六月十三日条。初行钞盐法应该是东西路均置提举盐司，西路由提刑兼管，东路则由漕司兼管。《宋会要辑稿》食货二六有绍兴十二年五月六日，"户部近据广东西路提举盐事申"的说法；绍兴十三年三月二十二日，有"据榷货务申：昨缘广西提盐司"的说法；等等。

② 包伟民教授详细梳理了转运使补贴州县财政的职责，见氏著《宋代地方财政史研究》，第 28—32 页。

③ 《宋史》卷 167《职官志七》，中华书局，1975，第 3964 页。

④ 包伟民：《宋代地方财政史研究》，第 44 页。他认为北宋末至南宋初年是转运司成为地方财政机构的关键时期。

谓边郡米一石，价止数百钱，遂裁减至二缗"，就是二缗，也是极大的剥削，等于变相加税，使得"漕计大优"，钞盐法得以继续实行。

与此同时，由广西提刑司负责的钞盐岁额只卖得五万箩，与原议八万箩相差甚远。原因是这时"杨幺之乱"已经平定多年，淮盐已经复通湖湘，西盐退却。从绍兴二十五年起，广东盐亦在两广统一协作下进入广西，[①] 更加冲击了广西食盐市场。不过西路钞盐不及额的原因，除此之外，还有广西漕司代表广西地方官府进行抵制的因素。自盐利与漕司分途后，漕司财赋的主要来源是科折民米，给民间造成不小的负担。而钞盐规定在广西岁卖八万箩，也不可避免地要对民间进行抑配，[②] 等于民户受到双重科征。当时有人分析说：

> 窃见广西运司比年以来变税折钱，不问州之远近，税之高下，尽行支移折变……民之贫苦奔走，深可怜悯。累申运司，不从所乞。究其源则无他，盖广西漕计，未榷盐以前，全借盐利。日前漕司惟见所积之多，州县寄桩亦厚，颇有羡余，全不思于盐利内拨去岁计，更不申陈。洎自榷盐之后，利归他司，漕计渐虚，寄桩亦竭，遂变税作钱，诛求百出，民日益困。殊不察炎荒地广人稀，不可以他路比。欲望下户部，于广西一岁榷盐之数内，拨一半付运司充岁计支遣，免行科折，宽一路二十五州之民，消殄盗贼。[③]

---

① 徐松辑《宋会要辑稿》食货二六之二八，中华书局，1957，第6册，第5247页。

② 马端临《文献通考》卷5《征榷三》："率以钞抑售于民，其害甚于官般。"《宋史》卷494《蛮夷二·西南溪峒诸蛮下》载："乾道三年八月，诏平溪峒互市盐米价，听民便，毋相抑配。其徭人岁输身丁米，务平收，无取羡余及折输钱，违者论罪。"可知曾经抑配到了溪峒地方。

③ 徐松辑《宋会要辑稿》食货二七，绍兴三十一年四月二日条，第6册，第5259页。《宋史》卷183《食货志·盐下》记载时人蒋芾奏曰："盐利旧属漕司，给诸州岁计；自卖钞盐之后，漕司遂以苗米高价折钱。今朝廷更不降盐钞，只令漕司认发岁额，则漕司自获盐息，折米招籴之弊皆去矣。"（第4468页）

由此可见，在朝廷收走广西盐利之后，其结果是"民日益困"，局势不稳。维持广西地方的稳定又是从中央到地方共同的目标，因此必须减负。而朝廷减负的首选不是减少盐额，而是地方赋税。有宋代桂林碑文载：

> 绍兴二十六年，知昌化军事黄公齐，邦之先进也，入觐宸辰，首言静江属兴王开府，圣泽所沦，士才日茂，而取士不及下郡之半，乞稍优之。上可其奏，增解二名。先是，宪使路公彬上章，言广右土产瘠薄，乞减静江夏税上供布钱，以宽民力。然不及军装布，至是黄公复乞之，上亦依奏。迄今二年，匹输一缯，二侯之请也。昔子产为政于郑，舆人诵之曰：我有子弟，子产诲之；我有田畴，子产殖之。若此邦之民，沐圣恩宽惠，膏泽涵濡，皆二三大夫推仁教养之意，而独无志。谨书其事，镌于名山，传之于后，于以昭示来世耳。
>
> 绍兴二十九年七月望日，张仲宇记，梁材书丹；
>
> 乡老胡师文、邓礼鲜、于彦永、李昶、刘准、诸葛昇、唐巽、陆达、吕焘、滑溉、萧然、欧阳彦、莫才广、李安、周惟义、吕盛、黄昉募工；
>
> 中隐岩福缘寺僧义观、祖华磨崖，龙光刊字。①

值得注意的是提出减轻百姓负担的两人，一个是知昌化军的乡人黄氏，另一个便是宪使（提刑司），而宪使当时是负责为朝廷卖钞盐的官员，所以此举有塑造其在地方良好形象的作用。但只减地方税收而不触动盐额，直接触犯到广西漕司和府州县的利益，必定会遭到其抵制，因为前已有述，漕司等衙门在无法分享盐利的情况

---

① 张仲宇：《桂林盛事记》，《桂林石刻》上册，桂林市文物管理委员会，1977，第 166—167 页。

下，主要收入就是"科折民米"和做粮食生意。因此形成这样的矛盾局面：朝廷为行钞盐，反对地方科敛而可以多卖盐额，漕司则反对盐额抑配而维护有效征税。这需要朝廷动用更多的措施和手段来处理这种矛盾。

二　乾道年间广西盐法变化与两广争利

为了阻止广西官府对钞盐法的抵制与封锁，乾道元年，朝廷下令广西盐司合并到广东盐司中。① 以东司总管两广盐政，把两广打造成一个行盐区，于是"广东之盐无复禁止"。看似广东盐司取得了不少收益，但"广西坐失一路所入"，② 因此这种强硬措施遭到广西更多的抵制，直接引起乾道四年（1168）朝廷下诏书罢广西钞盐法，改行官般官卖制。即周去非所记"言事者又谓客钞既不登额，不若复令漕司自卖官盐，而除民折米和籴之扰。于是广西漕臣复领本路盐事"。③ 不过仍令漕司"管认息钱，认发二十一万贯。内将三万贯给靖州，八万贯充经略司买马，余十万贯拨充鄂州应副大军支遣"。④

---

① 徐松辑《宋会要辑稿》食货二七之二三，第 6 册，第 5267 页。
② 《宋史》卷 183《食货志·盐下》，第 4468 页。
③ 周去非著，汤武泉校注《岭外代答校注》卷 5《财计门·广西盐法》，第 183 页。不过，似乎经略使与宪使也可以干预官卖，如鲍同《贡院记》记载乾道四年经略使张维迁建静江府学之资，就说："其时盐法初复，官以醝为市，凡于此取办，乃捐醝之以筭计者五百，而公与宪均任其飞挽之责，贸醝而取其资。"（《粤西文载》卷 22，清康熙四十三年汪氏梅雪堂刻雍正印本，第 2496 页）
④ 徐松辑《宋会要辑稿》食货二七，乾道四年六月四日条，诏："广西盐钱今后更不给印，依旧拨还转运司，均与诸州官般官卖，仍旧令本司管认息钱，认发二十一万贯。内将三万贯给靖州，八万贯充经略司买马，余十万贯拨充鄂州应副大军支遣。其本路见拖下未曾卖盐钞，仰本司拘收，缴赴行在收纳。"是日，宰执进呈看详广西钞盐利害，蒋芾奏曰："盐利旧属漕司应副诸州岁计，自卖钞盐，漕司遂以苗米高价折钞，又有招籴和籴之名，民受其弊。今朝廷更不降盐钞，只令漕司认发岁额二十一万缗，则漕司自获盐息，折米招籴之弊皆可去。"刘珙奏曰："此事与福建钞盐一同，免福建钞盐，民间无不鼓舞。今广西亦然，想见远民犹更受赐。"上曰："极是。"故降是诏。（食货二七之二四，第 6 册，第 5267 页）

乾道四年广西盐官般官卖后，直接影响了广东的利益。因为从此"东盐不得入西路矣。广东盐额大亏"，于是广东官、商"屡请于朝，乞复通客钞。以为广东产盐多而食盐少，广西产盐少而食盐多。东盐入西，散往诸州，有一水之便。西路产盐之州，水陆不便。异时西路客人，乐请东盐，占额为多。今西路以盐利自专，则东盐坐亏课额。朝廷从其请"。① 张栻后来也说："本路盐法正缘诸州荒寂，都无甚所入，全仰漕司拨盐息以为岁计。往年行客钞，卖数极不多，却有折米钱甚重，民深病之，因此致盗贼。后来故改为官般而罢折米，中间广东以为不便而争之，再行客钞。"② 朝廷最后同意了广东的要求，遂于乾道六年六月发布诏令再行钞盐，看来是广东提出的"裕国课"主张打动了朝廷。但为此争论了至少两年时间，也说明了保持广西财政宽裕的重要性。最后是广东向广西让步才达成协议的：第一，"广西盐事地里阔远，自合专置一司，今既委转运兼领"，总算让广西漕司争回了管盐权力，扫清了原来漕司作梗的障碍；第二，按两路年十八万箩总额抽取通货钱，另抽东盐入西通货钱、存留盐本钱，作为西路漕计。同时也要求广西漕司停罢折米科扰，并严稽私盐，③ 以保证钞盐顺利流通。

但是乾道六年行钞盐后，各方面情况都没有原先设想得那么好，盐额只能卖得五万箩。周去非的解释是，原额八万箩是绍兴初年因淮盐不通，广西盐得以越界销往湖湘而形成的定额，自淮盐通畅之后，广西盐自然无法卖足。④ 但实际上根据周去非对广西各府州军请盐数量的统计，有七万余箩，这应该是乾道年间（1165—1173）官卖盐时期的数据，漕司是收到了卖盐钱的；⑤ 而淳熙三年（1176）张栻"帅桂"时，

<hr />

① 周去非著，汤武泉校注《岭外代答校注》卷 5《财计门·广西盐法》，第 183—184 页。
② 张栻：《南轩集》卷 23《答朱元晦》，明嘉靖元年刘氏翠严堂慎思斋刻本，第 526 页。
③ 徐松辑《宋会要辑稿》食货二八之四，第 6 册。
④ 周去非著，汤武泉校注《岭外代答校注》卷 5《财计门·广西盐法》，第 183 页。
⑤ 周去非著，汤武泉校注《岭外代答校注》卷 5《财计门·广右漕计》，第 179—180 页。

广西一岁拨盐是七万八千余箩，也是官卖时期。[1] 可见广西盐官卖时能够卖到近八万箩，到了钞卖盐时每年就只能卖五万箩，其中很明显有问题，可能主要出在以下两方面。

其一，对私盐问题估计不足。绍兴、乾道年间今广西的总人口数，根据郑维宽教授的考证，连同军民少数民族，有 300 多万人，[2] 这还只是入籍或者官府掌握的人口数。宋代广南西路比今天广西大得多，要是算上未入籍人口以及宋代广盐可以行销的湘桂黔毗邻地区人口，应该远超 300 万，而八万箩盐大约是 800 万斤，如此人均每年用盐并不算多，其销售足额仍然是不成问题的。无法足量销售的原因之一是有私盐，因为在邻近少数民族地区或者路府州县交界地区私盐是难以完全理清的。

其二也是最重要的，地方州县为了自身利益而阻挠商人卖盐。史载"广西昨行钞法时，诸州多是诡作客名，算钞回易。或截留客盐自卖，不还价钱，或虽与客住卖，而邀阻诛求，以助公裕，或行钞之初，隐藏合封桩盐，公然官卖"，[3] 出现了各种阳奉阴违的现象。秩序混乱，结果广东商人的利益也受到极大损失。与绍兴间钞盐推行时主要是漕司阻挠不同，此时阻挠的多是州郡，因为漕司掌握盐利之后，须按照朝廷要求停罢折米科扰，并严稽私盐，这就断了州县的财路；而且因为钞盐是商人以自己的力量做生意，除了借助官府之外，他们也会想尽一切办法堵住以前的私盐渠道。此外，官府不能计少数民族地区用盐量，因为官盐定额从来都是以纳入户籍的人口计算的，定额官盐比实际需求小的话，才能使地方官有利益腾挪空间。

漕司既然已经成为钞盐法的既得利益者，所以再行官卖的要求就由代表府州县利益的帅司（经略安抚司）提出了，因为广西帅司同时也是静江府知府。

---

① 徐松辑《宋会要辑稿》食货二八之四，第 6 册，第 5272 页。
② 郑维宽：《宋代广西人口数量考证》，《广西社会科学》2004 年第 9 期。
③ 徐松辑《宋会要辑稿》食货二八之一三，第 6 册，第 5285 页。

乾道九年，范成大就任静江府知府兼广西经略安抚使。他最关注的是"防边"与"防蛮"问题，两者都需要钱，因此盐法是他绕不开的问题。《岭外代答》云："范石湖作帅，抗疏请复官卖，其说曰：'官自卖盐，不过夺商人之利以利官，而民无折米之患。往日西路卖及八万箩，今为虚数矣。只以实卖及五万箩为率，而权以广西盐价，每一斤以一百四十文足为率，岁可得七十余万缗足，计九十余万缗省，需乎其有余矣。'其道约而易行，其说简而易明，严抑配之法，杜侵欺之弊，俾法久而不坏，诚长利也。朝廷始疑而后从之。广东申乞不已，又为东路岁认发东盐入界钞钱之数二万四千六百余缗，其议遂定。然漕计优裕，实范公之力也。"① 给予他很高的评价。材料主要讲的是其与广东官府和商人的斗争。后来的嘉靖《广西通志》则侧重讲他与漕司的斗争："广西窘匮，专借盐利，漕臣尽取之，于是属邑遂有增价抑配之弊。诏复行钞盐，漕司拘钞钱均给所部，而钱不时至。成大入境，曰：利害有大于此者乎？奏疏谓：能裁抑漕司强取之数，以宽郡县，则科抑可禁。上从之。"②

帅司及其所代表的郡县力量与漕司（转运司）的较量，在张栻任上（淳熙元年至五年在任）仍继续上演。其实质是广西地方与朝廷的财赋分配以及帅、漕权力分配的争夺问题。可见在南宋初年漕司向地方财政机构转变过程中的反复，不仅朝廷不愿放手漕司变为完全的地方财政机构，帅司与漕司争夺地方财权的博弈也不断。因为帅司除了要安排自己所辖府县的岁计，也要负责一路的军事，其中买马、赡兵和备边花费极大，帅司时时诉苦经费短缺，并找各种机会生利。③

淳熙元年，朝廷再下令西盐官卖。但"官般之法虽行，而诸郡之

---

① 周去非著，汤武泉校注《岭外代答校注》卷 5《财计门·广西盐法》，第 184 页。
② 嘉靖《广西通志》卷 42《人物》，第 1983 页。
③ 胡小安：《南宋乾道淳熙年间广西帅司的经费与官自经商问题》（未刊稿）。

窘如故"，① 原因是漕司在盐利上与州县分配很不合理，漕司占八成，州县只占两成。② 张栻于是重新分配了漕司与地方州县的盐利分成，并以经略司兼理漕事，这样可以统一财权使用，并向地方财政倾斜。③ 不过张栻在广西改革盐法，复行官卖，虽然自称"今静江措置颇有纶绪，不抑卖，不增价，公私皆便之。盐价反贱于客钞之时"，④ 但实际上可能只是静江一府得运盐集散地之厚利，⑤ 其他州郡未必如此。如广南西路治下之琼州在淳熙元年盐额增至一百万斤（原额只有四五十万斤），导致官增抑配，一直到张栻离任之后才恢复原状。⑥ 张栻在广西的五年，重点关注的乃是静江和邕州，似乎其他州郡都可以为此让路。

范成大与张栻的行为是与广东争利，当然也是在与中央博弈。他们有效的工具，就是朝廷最为关心的地方防务问题。范成大说南丹州土酋

---

① 张栻：《南轩集》卷23《答朱元晦》，第526页。
② 周去非著，汤武泉校注《岭外代答校注》卷5《财计门·广右漕计》，第179页。
③ 徐松辑《宋会要辑稿》食货二八，淳熙三年二月二十八日，诏："广西转运司将每岁所收官盐息钱以十分为率，三分拨付诸州，七分充漕司计岁。"先是，广州［西］经略张栻言："广西官般官卖盐，旧来六分，漕计四分，诸州岁用自乾道元年再行官卖以后，漕司收其八分，州军止得二分。窃虑州军窘匮，因而作名色科取于民。"故有是命，既而栻又奏："措置桩贮钱物，以为一路盐货，权行条画下项：一、漕司每岁拨盐共七万八千二百三十四箩与诸州发卖，收到息钱，于内拨充诸州岁计……臣考究得漕司有见管钱四十万贯，系累年所积之数，可以权行盐货，即不可别行支用。今措置，欲将上项钱四十万贯于白石、郁林等处八仓场存留二十万贯，为漕司言［盐］货循环本脚之用，于静江府诸州存留二十万贯，为诸州接借般运盐货之用，委所属通判、签判专一主管，置籍出入。如诸州委有阙乏，前期申请漕司量行接借，般运盐到州变卖，委通判、签判拘收。所借钱发归元借寄桩库，无致失陷。一、转运司见今一岁共均拨盐七万八千二百三十四箩，静江府二万六千三百六十五箩，柳州三千五百箩，郁林州三千五百箩，宜州四千三百九十箩……"（第5280页）就盐额而言，静江府大大超过其他州。另《南轩集》卷23《答朱元晦》云："又请以见在二十万缗专桩充漕司买干盐本，二十万缗专备借诸州搬盐本，此乃是一路根本，一毫不得妄动，每岁终申省。盖无此，盐法便倒了，一路便受害。"（第531页）
④ 张栻：《南轩集》卷23《答朱元晦》，第531页。
⑤ 张栻：《南轩集》卷22《答朱元晦》载："惟是自静江之外，诸郡岁计阙匮异常。"
⑥ 徐松辑《宋会要辑稿》食货二八之八，第6册，第5282页。

莫延甚入省地作乱，皆因邕、宜、融边郡无钱无粮，军政废弛。① 乾道至淳熙年间任邕州知州的吴儆也尖锐地指出了漕臣只讲求丰财而不考虑对边防的投入导致边防废弛的严重局面。②

他们既要求变钞盐为官卖及增加地方经费，也做出一些相应的政绩给各方看。比如范成大对安南的立威，对诸瑶的团结，对土丁、峒丁的训练，对马政的整顿；③ 张栻则有买马的新成就及防范大理的政绩；等等。④

三　淳熙年间官卖盐的定型及原因

官卖盐法遭到的批评一直就没有断过，焦点是它造成的科扰抑配引起很大的民怨。淳熙六年（1179），周必大指出当时广西"李接之乱"是盐法过度抑勒民户所致。⑤ 淳熙七年，经略刘燉、提刑徐翊上言指出，由于官卖盐岁额太重，各地"不论贫富，尽计口科卖，向时上户科抑之苦，今又移之下户矣"。⑥ 就是广西经略使张栻本人，也为官僚系统内部意见不同感到无奈："本路诸事幸粗定，诸州例颇舒，若得计台以根本为念，不为新奇，不迫以旧逋，庶乎可以望休息。但他人所见，类多不与此意同。奈何！"⑦

因此第三次钞盐法的推行在淳熙九年就开始紧锣密鼓地筹备，极力

---

① 《范成大佚著辑存》，中华书局，1983，第 45 页，引南宋黄震《慈溪黄氏分类日抄》奏札节文。

② 吴儆：《竹洲集》卷 2《论广西帅臣兼知漕计》，第 38—39 页。

③ 周去非著，汤武泉校注《岭外代答校注》卷 2《外国门上·安南国》，第 59 页；卷 10《蛮俗门·款塞》，第 424 页。《范成大佚著辑存》，第 56 页。

④ 《宋史》卷 488《外国四·交阯大理》，第 19 页。

⑤ 周必大《文忠集》卷 142《乞广西二事入赦札子》："臣久闻广右官吏奉行盐法未善，致李接煽惑愚民，走为盗贼……所问官司奉行不度，或抑勒民户，过数请买。"（第 7 页）

⑥ 徐松辑《宋会要辑稿》食货二八之十，第 6 册，第 5283 页。

⑦ 张栻：《南轩集》卷 23《与朱元晦书》，第 536 页。

推动者主要是詹仪之和胡庭直。詹仪之字体仁，淳熙三年出任广东转运使，[①] 此后不久应该就转任了广西转运使。[②] 他素来主张行钞盐法。广西经略使张栻最初对他抱有很大希望，以为可以经过讨论促其改变主意："詹却颇有气味，旧熟识之。但渠素主张行钞法，渠未见此路利害。得其来同作一家事，共议其至当，尤幸耳。"但后来对其颇感失望，估计是詹氏并不愿附和张栻的官卖主张："詹体仁悫实，肯讲学，不易得。但未免弱，盖胆薄而少决，今日善类多有此病。在此每力扶之，终似觉难。"[③] 詹氏不但与张栻主张冲突，且可能继续受到后任经略使的排挤，至迟在淳熙九年之前调京做了起居郎的闲职。[④] 也许正是这种排挤坚定了他行钞法的决心。

　　胡庭直则为浙西安抚司干官，可能在天子脚下办事不错，得到赏识，淳熙九年初被派往两广巡察盐事。[⑤] 这些人都深体孝宗"民力裕而用度足"的心思，大力抨击官卖盐扰民害国课，因"奏官卖之法害民，客钞为便"。[⑥] 孝宗在这些人的鼓动下，于淳熙九年下半年宣布自明年

---

① 嘉靖《广东通志》卷9《职官志》，第12页。
② 詹氏任广西转运使的起止年不详。宋张栻《南轩集》卷10所载作于淳熙五年三月的《南楼记》云："且詹侯方以使指，按行一路。一路之郡邑，亦广且夥矣。政事之隳弛，人情之郁拂，与夫利之所壅而病之所生，盖不一矣。詹侯将次第而振其弊，导其郁，通其所壅而去其所病……岂不在于斯时邪？"（第316页）像是对刚履任不久者所说的言辞。清嘉庆《广西通志》卷20《职官表》言淳熙二年詹氏知静江府，当误。
③ 张栻：《南轩集》卷23《与朱元晦书》，第537页。
④ 徐松辑《宋会要辑稿》食货二八，淳熙九年二月九日条："既而胡庭直条具到二广盐法利害，诏吏部尚书郑丙同给事中施师点，中书舍人宇文价、葛邲，起居郎詹仪之详议。"
⑤ 徐松辑《宋会要辑稿》食货二八之一二至一五，第6册，第5284—5286页。另有《宋史·徐梦莘传》："时朝廷议易二广盐法，遣广西安抚司干官胡廷直与东西漕臣集议于境。梦莘从行，谓：'广西阻山，止当仍官般法，则害不及民。广东诸郡并江，或可容客贩，未宜遽以二广概行。'议与廷直不合。廷直竟遂其说，以客贩变法得为转运使。梦莘既知宾州，犹以前议为梗法，罢去。不三年，二广商贾毁业，民苦无盐，复从官般法矣。"（第12982—12983页）如果所记无误的话，则胡廷直在任广西转运使之前还做过广西安抚司干官。徐梦莘的主张是两广分别实行不同的盐法。其理由是广西交通不便所以应当官般，其实是为了防止广东对广西的夺利。
⑥ 李心传：《建炎以来朝野杂记》乙集卷16《财赋·广西盐法》，中华书局，2000，第782页。

四月一日起复行钞盐，并在淳熙十年正月下了一道表示非凡决心的诏令。① 与此同时，升詹仪之为广西经略使，胡庭直为广西转运使，为推行钞盐法做人事上的安排。

虽然再行钞盐之前，詹仪之等人做了相当详尽的规划，② 不久又有更多的措施出台，但这次还是如乾道六年复钞盐一样，陷入了盐额无法尽销、漕计无法足用的困境。而此时的州郡早已熟习"假钞卖实官般"的戏法，不仅民户受抑配之苦，商人亦深受盘剥之害。淳熙十五年广西转运使朱晞颜奉旨调查盐法，其上奏曰：

> 臣入静江界，延问父老，皆蹙额告臣以卖钞之害，谓钞法初行，静江尚有富商数十家可招诱。自乾道变法，皆干没所有，多转徙湖湘，其存者又破家荡产矣。府岁发县就卖之盐，为宰者即置酒招致上中户，劝诱认数，实则视产税多寡，抑勒承买，不从则以刑法胁之。令先以砧基簿抵当入官，既得钞请盐，又有川涂之程，舟车之费，磨以日月，耗损不赀。而受钞未几，官催入纳，急于星火，枷锢捶楚，无所不至。一二年来，上中户亦穷困为下户，而官司岁科不已，或三五箩，或十数箩。其力不能自往搬请，必至低价转售，约所纳之钱，所折已半矣。又有荒废之产，赊抵在官，或沉失，或死亡，官司不免勒邻保认，纳一人之钱，波及数十人，人人愁怨，已不聊生。会府尚尔，诸郡可复有商可劝诱邪？
>
> 夫变为客钞，建议者徒以官般科配有食贵盐之害，不若客钞便民。使朝廷贪爱民之美名，而变其法。自今观之，静江官般之前，

---

① 徐松辑《宋会要辑稿》食货二八之一七，第 6 册，第 5287 页。并说"以起居郎詹仪之言：'乞特明诏戒饬两路监司、守令，使知通行客钞，专一裕民，各宜协心体国。'故有是诏"。

② 徐松辑《宋会要辑稿》食货二八之一五至一七，第 6 册，第 5286—5287 页。主要是东西两路作为整体行盐区，机构合一，对地方官严格考成，严禁私盐，等等。

斤为钱百；变为客钞之后，为钱百三十矣，尚何便民之有？诸州守臣为巧计者，差衙前及出职吏人，诡名客贩，公然官卖。既获其利，又得岁计增给，用度宽纡，或乞免岁计，或乞放残税，称是自能撙节，敢为诞谩，以希幸进。建议之人更相容庇，以为盐策之效，凡所以为州郡之备者，悉以废弛，恐致萧墙之祸，噬脐无及。①

该折子极言此时钞盐法的乱象：钞盐不但比官卖要贵，而且更加扰民，尤其扰商，几乎使广西盐商破产。大约同时，朝廷赴两广调查盐法的应孟明也有类似的报告，而且提到："议者谓向之官卖，止缘漕司或额外增敷，州县或额外添般，发泄不尽，间成科抑，非一路州县皆然，未为大害也。今若官般官卖，复归漕司，而增敷有禁，添般有禁，敢抑配者置之重典，则在明号令以止之耳。向来官司既失信于商人，今不可复失信于百姓。"② 出现这种极端情况，是由于商人在政策频繁变化中无法稳定经商，而且受到官府阻挠，因而"客钞法"难以实行；而官般官运之法未定，官府对民户的抑配也没有规范制约。绍熙元年（1190），广西提刑吴宗旦对此的回忆是："所立价钱太高，是至民食私盐，却乃计户抑配。"③ 应该是由于不行官卖，而广西地方财政紧张，用非正式制度迫使商人提价，于是私盐猖獗，商人破产，被迫"计户抑配"，形成循环死结。当然应孟明也承认以前官般官卖，由于漕司和州县"额外添般"，也有强制抑配的情况，但是并没有成为普遍现象，假如再行官卖，会厉行禁止。

随着众多问题和质疑声出现，淳熙十六年正月，朝廷终于再次同意

---

① 谈钥：《朱晞颜行状》，程敏政编《新安文献志》卷82，明弘治十年祁司员刻本，第1998页。
② 徐松辑《宋会要辑稿》食货二八之四〇至四五，第6册，第5293页。
③ 徐松辑《宋会要辑稿》食货二八之三〇，第6册，第5293页。

广西实行官卖盐，并罢黜詹仪之等人。[①] 此后不少人进行了反思。孝宗承认自己为詹仪之等人所误。[②] 侍御史章颖直言乃"乾道以后大臣当国者皆以理财为务"而重责地方敛财，造成如江浙和买、广西盐额之类的弊政。[③] 此后广西稳定官卖法，且盐额岁减 10 万贯，又取消岁解鄂州、靖州钱 11 万缗，[④] 等于朝廷向广西地方大幅度让步。当年十二月也下诏减少了广东卖盐岁额，算是对广东也有让步，以此取得广东地方官的支持。[⑤] 广西盐法之争渐息。

对广西盐法屡变、最终实施官般法的原因，梁庚尧先生认为是广西客观条件差、无富裕民户、无实力盐商、无越境政策等；仲伟民等人提出盐利在广西财政中的地位和两广盐竞争问题，不过他只点到两广盐的性价比竞争问题；林日举则认为是繁重的卖钞岁额、东西盐之间的矛盾、资国赡军与地方岁计的矛盾造成。[⑥] 这些分析都有道理，尤其林氏的分析已经包含各个重要方面。

不过其历史细节和内在逻辑仍需进一步申论。其一，"客钞法"之

---

① 徐松辑《宋会要辑稿》食货二八之二八至二九，第 6 册，第 5292—5293 页。当时质疑反对的人有朱熹、周必大、前广西运使王正己、广西提刑赵伯遇等，参见梁庚尧《南宋广南的盐政》，《大陆杂志》第 88 卷第 1—3 期，1994 年。

② 徐松辑《宋会要辑稿》食货二八之二七至二八，第 6 册，第 5292 页。

③ 徐松辑《宋会要辑稿》食货二八之四〇至四五，第 6 册，第 5298—5301 页。

④ 徐松辑《宋会要辑稿》食货二八之四〇至四五，第 6 册，第 5298—5301 页。

⑤ "（绍熙元年）十二月二十三日，广东提举刘坦之言：'向来朝廷专遣胡庭直遍诣二广，询究盐事。亦尝考究东盐，递年于本路只是卖五万以上箩，或仅六万。及二广通行客钞，时除通贩入西路外，东路亦止是实及六万。朝廷若只仍旧以七万五千箩为科例，则本司前后一岁之内，未尝趁得登足，多是拖压半年，方始卖绝，徒费催理。今每科只乞实降六万箩额下本司收簇，应期在一年之内发足，仍将东路钞引每料只与给降六万箩，所是元年分除申乞存留合缴纳淳熙十六年料钞引一万五千箩接续招卖外，更乞揍降钞引通作六万箩数，须管在一年内卖尽收钱，如期起发，庶几不致积压。所是钞引，日下更乞催促颁降。'诏每岁小减一万箩，须管于一年限内出卖尽绝。"徐松辑《宋会要辑稿》食货二八之四〇至四五，第 6 册，第 5298—5301 页。

⑥ 梁庚尧：《南宋广南的盐政》，《大陆杂志》第 88 卷第 1—3 期，1994 年；仲伟民、王建军：《宋代广西地区的盐业和盐政》，《盐业史研究》1988 年第 2 期；林日举：《南宋广南的钞盐法》，《中国社会科学院研究生院学报》2002 年第 6 期。

所以难行，其实未必是广西商人实力不够，而是广西的盐场天然不如广东，广西商人又只能在广西盐场贩运，食盐性价比不如广东，成本更是远高于广东。因为"客钞法"下，两广盐区看似一体，但并不是真正的制、取、销一体化。两广行盐司合并后，主要是解决以前东盐不能西销以及新商税如何分配的问题，而不是通盘考虑各个盐场的问题，盐场其实还是东、西路各自管理。没有史料说要让资本雄厚的广东商人改善广西盐场的境况，以使广西有竞争力，也不是让广西商人可以随意去广东盐场贩盐。因此"客钞法"一旦实施，则无法禁止广东盐商进入广西，最终会造成盐利尽数归东。从长远来看，这对广西不利，因此也更加受到广西的抵制。

其二，就广西这个"控蛮驭交"的"西南据点"而言，[①] 宋廷逐渐认识到，解决地方岁计就是在资国赡军，沿边军州县的地方财力充足与广西一路的财力充足是一个整体，广西地方财力充足才能保障广西的战略地位，因此必须向广西地方大幅度让利。就整体盐税而言，从国家的角度来看好像广西少了，广东就多了。其实并非如此，广西少了，广东也未必就多，因为很多利益由于广西各种明里暗里的抵制，其实是内耗了，尤其商人损失的成本难以计算。在实践之中朝廷也逐渐明白了这个道理，从而自绍熙以后以稳定为重。

其三，不能忽视地方官府内部矛盾带来的重要影响。诚如上述对几次盐法变革的分析，不论是帅司、漕司还是州县，他们有服从朝廷的一面，但也有倾向于地方性的一面。资国赡军与地方岁计的矛盾是通过具体机构来体现的。就如东、西路虽然两次合并了提盐司，但两路主要官员还是要为自己的考成和本路财政着想。淳熙十二年两广提盐司并司前，就有官员反对："并司后恐广西漕既不预盐事，即无通融钱物，或

---

① 胡小安、李剑文：《明朝初年"控西南"的方略及在广西的实施》，《文山学院学报》2017年第1期。

至支吾不行。"① 漕司的这种情况前文在绍兴年间第一次行钞盐的时候就已经做了详细分析。即使有詹仪之这样坚决行钞盐的官员，其实也应付不了众多的下属。主张"客钞法"的官员往往以官般抑配扰民说事，但钞盐法也有可能扰民，因为该法下官府仍然有考成的压力，而且盐商也可以采取很多办法让官府施压迫使百姓来购买自己的盐，反而会腐化官员。

其实，只要盐作为地方财政主体的状况不变，只要朝廷有岁额要求，抑配科扰就是不可避免的。官般官卖，利归地方，确实可以使官府在其他方面减少盘剥百姓的借口。尤其在广西，国家能直接控制的编户并不多，靠直接的田赋和差役支撑不了广西官府各种事务的运行，加重剥削则会进一步引发民户逃亡。于是大量的差徭兵役要靠官府以盐、锦、钱来向"溪峒民"交换，以及运用卖盐的手段从"溪峒"地区获取收益，因为盐是大家都要吃的。比如元丰年间开通南江以后，在该地设置了诚州，荆湖路相度公事、右司员外郎孙览上言："自诚州至融州融江口十一程，可通广西盐。乞许入钱于诚州买钞，融江口支盐，增息一分，可省湖北岁馈诚州之费，辰、沅州准此。"② 总之，食盐官卖得利虽然不足以支撑整个广西的财政，但却是官府能够直接控制的主要得利途径，所以对广西而言，官卖盐夺商利是很重要的。

其四，由于以盐买马及赏赐"蛮夷酋首"，每年漕司控制的盐有相当一部分可能在此中消耗了，官般法可以让广西地方直接控制更多的盐。关于西南地区盐马贸易已有不少成果，此不赘述。③ 总之，以食盐

---

① 《皇宋中兴两朝圣政》卷 62，孝宗淳熙十二年秋七月丁巳条，第 2317 页。
② 李焘：《续资治通鉴长编》卷 345，元丰七年五月己酉条，中华书局，2004，第 8284 页。
③ 参见刘复生《宋代"广马"以及相关问题》（《中国史研究》1995 年第 3 期）、魏天安《南宋广西买马制度》（《广西社会科学》2007 年第 4 期）、麦思杰《地域经济与羁縻制度——宋代广西左右江地区羁縻制度研究》（《广西民族研究》2009 年第 1 期）、张芳芳《南宋广南西路市马交通考》（硕士学位论文，暨南大学，2010）、任建敏《南宋广西市马的货物流动与长程贸易》（《"中央研究院"历史语言研究所集刊》第 87 本第 3 分，2016 年）等。

赏赐"蛮夷"，这是自北宋以来就一直实行的政策。如北宋咸平三年真宗召见巡检使侯廷赏问"蛮人"扰边的原因，侯廷赏曰"蛮无他求，唯欲盐耳"，真宗因此诏谕夔州路转运使丁谓给"群蛮"赐盐，得到回应"天子济我以食盐，我愿输与兵食"。① 又如淳熙三年知宜州军事沙世坚与思恩"蛮人"立赐盐碑云："宜州去天最远，三方被边，溪峒徭蛮，种落不一。我国家自祖宗以来，深仁厚泽，与天无穷，并包裔夏，爱均赤子，锡汝钱盐之券，庶几涵濡圣泽，各安巢穴，永为边陲藩……从尔尊敬忠武侯，严其貌像，载书歃血，无背此盟。俾尔蛮长保盐券，后人无复减克，因以杜绝衅端。明神所临，洋然在上，逆凶顺吉，尔蛮占之。"② 此后还有不少这方面的记载。③ 因此盐利对广西而言是一个重要的政治筹码。广东商人也许多数并不能明白这一点，结果往往在政策上吃亏。至于"峒酋"为什么特别需要官府的盐，这是另一个话题，在此不拟深论，只提出一点：在"峒酋"政治上已经接受王朝羁縻乃至经制，主要盐区产运销渠道都由官府控制的前提下，远离边境的地区大规模食用私盐会有一定的政治风险，依靠官府获取食盐和其他利益比较稳妥，④ 同时愿意以兵差等来交换食盐，既是向朝廷示好，也是为峒民考虑。

　　南宋盐法几次变革都发生在宋孝宗在位期间，这与孝宗的个性和治国理念也有关系。他标榜"孝道和爱民"，宁屈商不屈农，宁屈富不屈贫，在富国用和"爱子民"之间反复摇摆，最终认识到"钞盐法"既

---

① 《宋史》卷493《蛮夷一·西南溪峒诸蛮上》，第14175页。

② 沙世坚：《思恩府蛮人请盐钱谕碑》，《粤西文载》卷44，第3641页。

③ 如《宋史》卷495《蛮夷三·抚水州》载："初，知宜州马宁祖不支思立砦盐钱，执议以为前守所积逋，止给钱一月，不能遍及蛮部，而权思立砦准备将领杨良臣复镇抚乖方，遂致激变光渐等。诏罢良臣，贬宁祖秩，敕帅、漕以时给溪峒盐钱。"（第14213页）"庆元四年，宜州蛮蒙峒、康寨等寇内地，夺官盐为乱，广西帅司调官兵招降之，朝廷推赏有差。"（第14213—14214页）

④ 《岭外代答》："峒民素俭，勤王之役，日得券钱，积而不用。比归，人有二三百缗之积。"周去非著，汤武泉校注《岭外代答校注》卷3《外国门下·田子甲》，第135页。

使农户加重负担，也使官府受到多重压力，终于予以废除。

结语与余论

南宋初年广西盐法变革的多次争论集中体现了朝廷与地方、地域之间、机构之间、皇帝与官员观念之间的多重博弈，实是宋代岭南政治中的一大焦点。

由于该时期漕司的职能处于一个转变过程中，即由中央派出的理财机构逐渐成为地方财政机构。在此过程中，朝廷多次想用各种办法如任命听话的官员、调整盐法机构和漕计比例、利用广东各方力量等，阻止或延缓这一转变过程，但是由于损害地方的利益太大，加上时局变化，最终选择了妥协。因为在绍兴和议以后，北方战事稳定下来，岭南西南边臣为争取自己的利益更加积极。其中帅司与漕司的关系也引人注目：帅司既然要为州县说话和争取利益，就要和转运司既联合又斗争。

由于传统重农轻商观念的影响，在夺农之利（加重赋税）与夺商之利之间，选择后者阻力是比较小的。加之专卖制度经过王安石变法的强化，官员们认识到，官府可以部分充当商人的角色，但其采取的制度必须考虑多方利益诉求，最终选择或者妥协在某个范围内。南宋两广盐法之争透露出这样一个逻辑：王朝国家始终在中央和地方之间、官民商之间、不同路府的官衙之间寻求平衡。王朝中央在一定时期内未必占有绝对优势，因为必须照顾地方的积极性而向地方有所妥协，对边疆地区更需如此。宋廷经过多次试验，最终放弃了商人的利益和朝廷对广西盐利的直接榨取，因为朝廷认识到在边疆地区，存在高效的地方官府、宽裕的地方财力和稳定的社会秩序，就是王朝国家最大的利益。

倪玉平教授认为清末中央与地方所激烈争夺的领域，更多的是新滋生出来的权力，是在蛋糕做大之后再分配过程中所形成的新体制、新格局。① 而南宋广西盐法变革之争，甚至是一个如何处理逐渐缩小的蛋糕的分配问题，这样的争夺自然更加激烈。

南宋广西盐法屡次变革的案例提示我们，研究盐法的制度形成和实施，要特别注意时代的特性、区域的特点和各方利益的博弈。总之，我们应该从多方关系和利益入手去了解制度的运行，从而推动"活的制度史"问题的研究，也更加清晰地认知边疆政治的运行。

有意思的是，后来明代嘉靖《广西通志》对主张食盐官卖的官员如范成大、张栻等评价很高，浓墨为其作传，而对主张钞盐的官员则极力贬低，詹仪之等人连传都没有。因为嘉靖年间又是一个广西争夺食盐官卖权并与广东利益发生冲突的重要时期，数百年前的历史变成了此时政治斗争的工具。这需要另文专论。

---

① 倪玉平：《权力的扩张及其分配：晚清中央与地方关系再思考》，《清史研究》2023 年第 5 期。

以庙管圩：清代前中期西江流域大乌圩研究

麦思杰　胡韫韬*

　　摘　要　大乌圩是清代西江中游地区最重要的三大圩市之一，其兴起及发展的过程投射出粤东商人在广西境内从事商业贸易活动的机制。大王庙（列圣宫）是大乌圩最重要的庙宇。康熙末年，越来越多的广东商人进入大乌圩，其通过捐修、改建大王庙获得了在圩市营商的资格。嘉庆年间，随着圩市规模的增大，大乌圩的商人群体亦因之发生变化。商人群体构成的变化，又体现于大王庙重修碑刻的捐助题名之中。嘉庆年间大王庙的重修，奠定了大乌圩在西江流域市场中的区域地位。

　　关键词　清代　前中期　大乌圩　西江流域

引　言

　　有清一代，西江是华南地区最为重要的商业航道。在这一时期，珠江三角洲地区的大量商人溯江而上，到西江中上游地区采买谷米、药材、山货、黄铜等商品，华南区域市场由此得以繁荣。根据陈春声的估算，清代西江流域下游地区的市场整合度已高于同时期的法国。① 上述的大宗商品通过沿岸各圩市被转运到下游的广州、佛山地区。因此，圩

---

　　* 麦思杰，暨南大学中国文化史籍研究所教授；胡韫韬，暨南大学硕士研究生。

　　① 陈春声：《市场机制与社会变迁——18世纪广东米价分析》，中国人民大学出版社，2010。

市是研究清代西江流域市场发展的关键问题之一。以往关于西江流域的圩市研究，多以古典经济学为思路展开，如钟文典关于粤东商人与圩市发展关系的讨论即为这一思路的代表性成果。[①] 受这一研究思路影响，西江流域圩市开设或兴起的过程、市场机制等许多问题仍没有得到充分的讨论。近年来，有学者开始关注西江流域圩市开设与兴起的问题。杜树海注意到西江上游太平州圩市开设与土司制度的关系，指出土司地区许多见于文献的圩市并无商品交易的现象，土司开圩的目的仅在于免除赋役。[②] 杜树海的研究提醒我们，只有回到当地的社会场景中，才能理解圩市研究中的各种问题。但总体而言，以"历史现场感"的思路深入分析圩市兴起、发展及管理机制等问题，目前学界在此方面所取得的成果仍较为薄弱。笔者认为，上述研究思路实际上要求研究者对圩市问题展开更多的个案研究，深入分析其兴起过程及市场管理机制，从微观层面重新理解清代西江流域市场史。

在整个西江流域，中游的浔江河段是谷米与药材产量最大的地区。在这一地区内有三大转运圩市——苍梧县的戎圩、平南县的大乌圩以及桂平县的江口圩，民间对此一直流传着"一戎二乌三江口"的说法。因此，大乌圩是研究清代西江流域市场不能回避的地区之一。关于大乌圩，学界已有不少具有深度的讨论。唐晓涛研究了客商与当地人的冲突与调适，[③] 宾长初则通过对碑刻的统计分析了大乌圩的贸易规模。[④] 上述研究无疑是本文研究的重要基础。

本文的核心材料为大乌圩列圣宫内保存下来的碑刻文献。需要说明

---

① 钟文典主编《广西近代圩镇研究》，广西师范大学出版社，1998。
② 杜树海：《清末民初广西太平州"开圩"现象再探讨》，《中国经济史研究》2013年第3期。
③ 唐晓涛：《客商与地方土著的冲突与调适——清初至太平天国前浔州府社会面貌探讨》，《厦门大学学报》2013年第1期。
④ 宾长初：《清代西江流域圩镇商业的个案考察——以广西大乌圩为对象》，《中国社会经济史研究》2015年第1期。

的是，在清代市场史的研究中，存留于各类会馆与庙宇中的碑刻一直为学界所重视。但在这类碑刻中，有两类信息极容易为经济史研究者所忽视：其一，神明信仰所投射出的市场关系；其二，在捐助题名中所隐藏的各种市场信息。关于后者，许檀已对捐助题名碑与区域市场整合的关系做了许多极具启发性的讨论。[①] 但如果将两个问题结合起来，则又需要对研究方法做进一步的反思：如何将田野研究的方法与计量研究相结合，以此在碑刻文献中读出更为复杂的市场信息。

因此，笔者希望借助对大乌圩列圣宫碑刻文献的解读与统计分析，勾勒出清代大乌圩发展的脉络。在此基础上，对市场史的研究方法做一些反思与讨论，以供方家批评指正。

一 改建大王庙：康熙时期粤东商人的进入 与大乌圩的兴起

本文所讨论的清代大乌圩为西江中游地区的浔州府平南县管辖。平南县位于浔州府东部，北邻平乐府永安州，东接梧州府藤县，南连郁林州。西江干流浔江横穿平南县，将全县分为南、北两部分。北岸山地较多，南岸以平原为主，盛产稻米。平南县县城位于北岸，大乌圩位于南岸，两者相距约五十里。大乌圩位于南岸的武林江、白沙江与新客河三水交汇处（见图 1）。白沙、新客二水自南而北，在大乌圩汇成武林江，武林江向北经武林渡汇入浔江。白沙、新客二水不通舟楫，故大乌圩为平南县南岸水陆交通的交会点。

在康熙以前的各类文献中，并未见有关大乌圩的记载。如康熙《广西通志》对大乌一带的地理情况描述如下：

---

① 许檀：《清代的祁州药市与药材商帮——以碑刻资料为中心的考察》，《中国经济史研究》2019 年第 2 期。

白沙江在县治左南岸，离城四十里，由五陵分流而直通乌饭墟、六陈墟，接容县界，小船可到。冬月水干不能行。[①]

该志在提及平南县时，完全没有任何关于大乌的描述。这一情况充分证明了大乌在康熙年间并未繁荣。当其时，大乌地属武林巡检司管辖。[②] 大乌圩的繁荣，始于康熙末年大量粤东商人的涌入。

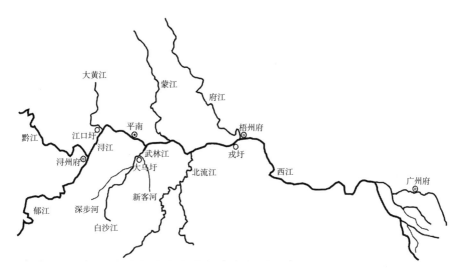

图 1 清代西江流域示意

粤东商人进入大乌圩后，对后者的影响主要表现为大王庙被改建成列圣宫。大王庙为大乌圩的主庙，位于武林江与白沙江的交汇处，创建时间不详。大王庙因其奉祀贤化大王而得名。庙前是大乌圩最大的码头。在康熙末年以后，大王庙一直是控制大乌圩贸易的庙宇。康熙五十九年（1720），在大乌圩的粤东商人将大王庙改建为列圣宫。此次改建

---

① 康熙《广西通志》卷6《山川志二》，康熙二十二年近卫本，日本京都大学图书馆藏，第4页 b。

② 康熙《广西通志》卷19《兵防·巡检》，第5页 a。

所存留下来的文献为《创建列圣宫题名碑记》。值得注意的是，在该碑顶部篆刻有《飞来碑》一文，该文详细讲述了碑石的由来。这一碑文可以让我们窥探到康熙末年在大乌圩的粤东商人与当地势力之间的关系。兹抄录《飞来碑》如下：

> 碑以飞名，昭灵异也。神而有灵故显其奇，碑而有异因铭其志。斯碑也，出自武林江口大王洲下。庚子之秋，洪水涨大，沙去石现。适有叟者，因见本墟列圣宫成，觅石勒铭，对众信曰："今者，河下□有一碑，高大未经勒铭，胡不往观？"众信欣然，齐至大王案前虔诚祷告，神恩允赐。众架（驾）舟楫，欲乘碑归，适而登舟，舟与碑流。众信浩然长叹，虽有机智，不可复起矣！然而神不需人力，人不得而知也！越辛丑，列圣登座，是夜将半，疾风雷雨，而碑至矣，庙祝开户视之，不知奚自，报知众信。众信曰："畴昔所乘与舟俱流者，非此碑也耶？"遂名传为飞来碑也。①

碑文所示，列圣宫在康熙五十九年（1720）秋落成之后，有人提议前往武林江口，将该处的一块大石运回大王庙以作勒石之用。众信徒将其运回大乌圩的过程中遭遇意外，"舟与碑流"。但在康熙六十年（1721），大王庙众神"显灵"，碑石被"送"至庙前，故得名"飞来碑"。在该文的叙述中，隐喻着以下信息。其一，该碑石来自武林江口，即武林江与浔江的交汇处，而该地点正是粤东商人从浔江进入大乌圩的必经之路。在 20 世纪中叶以前，从西江沿岸各地出发前往大乌圩，均需在武林渡口转乘小船才能抵达大乌。碑石位于两河交汇处，隐喻着大王庙的变革为从大河而来的粤东商人所主导。其二，从武林江口采运碑石一事得到了贤化大王的允赐。也正是因为得到了神明允赐，碑石在

---

① 《创建列圣宫题名碑记》（康熙六十一年），碑存于广西贵港市平南县大安镇列圣宫内。

遭遇不测之后，仍得"神力"而被送至大王庙前。这一传说隐喻着粤东商人的进入得到了当地人的允诺。同时，粤东商人通过捐助大王庙的改建，获得了在大乌圩贸易营生的资格。

如果说《飞来碑》揭示了粤东商人如何获得合法身份，那么《创建列圣宫题名碑记》则更清晰地反映了其在大乌圩立足的过程。《创建列圣宫题名碑记》的碑文如下：

上古之世，日中为市，致天下之民，聚天下之货，交易而退，各得其所，益取诸噬嗑。市必日中，明于上也，致民聚货，动于下也。退而得其所焉。如有物在噬嗑之斯合所以养也。中古之世，不能强之使合，爰该市司权衡物浮、轻重、长短，惟司□众罔或吴扬者，听命于人也。终古之世，民多智巧，货杂其寰，彼此贸迁，各出其所，伪以相欺。市司不能禁者，质诸幽冥，□牖其衷。圣人以神道设教，而天下服焉，听命于神也。是神庙之建，亦移风易俗之一端乎！粤之西浔州郡治，平南属之。平南邑治，武林、白沙、大乌墟境属之。中有庙貌，名为列圣之宫，列之者该之也。中以玄帝为主，观音、关圣、天后、三元、华光、康王、玄坛、贤化、三界并坐同堂，其庙巍焉，其神赫焉，其灵爽昭焉格焉，其香火络焉绛焉！是犹果日之当中，市司之在上，四民并集，百货骈臻，三尺之童，适市莫之或欺，惟神在也。纷则解之，难则排之。市有之诤，不讼于有司而讼于庙，众有疑，不卜于龟筮而卜以玟，惟神在也。神之所在，据山川之形胜，大水思岩为之负宸，江流回环为之衣带，地广土膏，丰于谷竹。庙奠兹土八十余年，商旅稠集，货物充盈，日新月盛，祷祠报赛，诚荷神庥。由是东西两粤主客商侭，敬其神者，思崇其庙。因乃旧贯，撤而新之，稍恢拓焉。二进三楹，雕题丹桷，焕然改观矣。是役也，两粤之人咸有事于土木。东人客也，以庙为家，故从之者众，六百有余人；西人主也，视家如庙，故助之者稀，仅数十余人耳。夫神之在天，犹水之在地也，地无分于远近，人无择于众寡。大之为江河之流，细之有涓滴之润，出纳挹注，咸沾濡焉，又奚分主客哉？今之庙貌，上踞龙首，坐占巽方，有利市三倍之象焉。有利有攸往，利见大人之占焉。庙之成也，神之灵也，货之盈也，商旅之咸宁也，吾于是乎卜之矣。乡人东归，谒予请言，因其所述为之记。东西粤捐助姓氏，并列贞珉，垂不朽云。

赐进士出身、翰林院教习馆教习、候补内阁诰敕撰文，中书舍人岭南钟元辅薰沐拜撰

己卯科经魁、文林郎、知云南大理府邓川州浪穹县事加三级象城欧阳绶及薰沐拜书

康熙六十一年岁次壬寅仲冬子月庚寅日吉旦立。

（捐款题名略）①

以上抄录的碑文包含了大乌圩在这一时期的许多重要市场信息，分点论述如下。

其一，大王庙建于明朝末年，至康熙末年时已有八十余年历史。从前文已知，大王庙原祭祀的主神为贤化大王，但是在大王庙被改建为列圣宫后，增加了包括北帝、观音、关圣、天后、三元、华光、康王、玄坛、贤化、三界在内的一众神明。乡村社会的经验告诉我们，上述不同的神明分别有各自的信众群体。这些神明是不同群体用以区分彼此身份的文化符号。众神林立的情况反映了康熙末年大乌圩内的群体构成相当复杂。

其二，大王庙在改建为列圣宫的过程中，主要捐助的来源为粤东商人，而本地人捐款不多。碑文提到，粤东商人捐款者有六百余人，而本

_____

① 《创建列圣宫题名碑记》（康熙六十一年）。

地人则只有十余人。这一情况说明，粤东商人为大王庙改建的主导力量。因此，来自珠江三角洲的北帝取代本地的贤化大王成为主祀神明。同时，在这一过程中，列圣宫的习俗亦发生了重大改变。在改建之前，庙事议决的方式为"龟筮"，而改建之后，议决的方式变为"卜珓"。

其三，列圣宫在创建之后，其主要功能为裁决圩内贸易纠纷，"市有之诤，不讼于有司而讼于庙"。因此，康熙五十九年（1720）列圣宫的创建，奠定了其在市场交易中管理者的角色。

其四，大乌圩的市场范围主要在平南浔江南岸的武林、白沙一带，即武林江与白沙江流域。碑文并未突出其与珠江三角洲市场的关系，这一情况表明大乌圩在康熙末年极有可能只是一个以辐射平南浔江南岸为主的本地市场。

综合以上几点不难看出，与西江流域的其他圩市相比，在大乌圩营生的粤东商人有着鲜明的特点。一般而言，清代在西江中上游地区营生的粤东商人，均通过创建粤东会馆以管理市场、仲裁纠纷以及处理与当地官府和当地人的关系。在粤东商人进入之前大乌是否已经开圩，囿于文献的散佚，不得而知。但通过检阅地方志，可以肯定，清初平南浔江南岸最重要的圩市为六陈而非大乌。粤东商人进入武林江之后，并没有进入六陈圩，而是选择了水陆两路交会的大乌作为贸易据点。同时，进入大乌圩的粤东商人并没有创建会馆，而是通过捐助本地大王庙的方式融入当地并在最后取得了庙宇的主导权。这一情况同时也说明，大王庙具有高度的开放性，外来的客商能通过捐助的方式在当地立足。在乾隆以后，随着越来越多的商人进入大乌市场，大王庙的这一特点使其得以持续维持圩市主庙的地位。

大王庙在康熙五十九年（1720）的改建中，筹得捐款 636 笔，共计白银约 255.82 两。[①] 这一额度说明大乌圩在康熙末年的规模并不大。但

_____

① 根据《创建列圣宫题名碑记》（康熙六十一年）捐助名列统计而得。

康熙末年大王庙改建成列圣宫，意味着大乌圩的兴起与新市场管理机制的建立。这一变化为雍正、乾隆以后大乌圩贸易迅速发展奠定了重要基础。需要稍加赘言的是，正因为大乌圩的迅速发展，雍正以后，其在官方行政体系中的重要性迅速提升，"雍正十年知县李志斌详请大同巡检应移驻大乌里之大乌墟，俾南岸一带，与容、藤二县接壤之处，得有专员以资弹压"。①

二　增设会馆与重修大王庙：乾嘉时期的贸易发展与大乌圩的重组

乾隆后期，是西江流域市场发展的重要阶段，各圩市的贸易规模均出现了迅速的增长。在这一时期，西江沿岸许多圩市的粤东商人普遍创建或重修了粤东会馆。创建或重修粤东会馆的原因，除了贸易增长的因素外，更重要的在于地方官府对粤东商人的摊派日趋严重，粤东商人需要通过修建会馆来对抗当地官府的苛捐摊派。② 在此背景下，大乌圩及邻县的江口圩均在乾隆五十八年（1793）创设了粤东会馆。③

大乌、江口两圩创设粤东会馆的直接原因与乾隆末年的一桩官司有关。乾隆五十三年（1788），两圩商人一起向两广总督福康安状告地方官员短价勒买、随意摊派。④ 大乌圩商人关肇泰一案的禁革批示碑原立于粤东会馆之内，现已不存。碑文收录于《太平天国在广西调查资料全编》之中：

---

① 乾隆《平南县志》卷 3《秩官志》，广西人民出版社，2016，第 186—187 页。
② 唐晓涛：《客商与地方土著的冲突与调适——清初至太平天国前浔州府社会面貌探讨》，《厦门大学学报》2013 年第 1 期。
③ 饶任坤、陈仁华编《太平天国在广西调查资料全编》，广西人民出版社，1989，第 433—435 页。
④ 此次官司案共留下六通碑文，均收录于饶任坤、陈仁华编《太平天国在广西调查资料全编》，第 466—474 页。

特授平南县正堂加三级记录五次孙。

抄奉特授浔州府正堂加七级记录八次李为联恳宪恩，永革积弊事。

乾隆五十三年二月二十七日，奉宫保两广爵阁督部堂福批：据平南县大乌圩民关肇泰等其控前事词称：切蚁等同在广西浔州大乌圩开店营生，屡遭差役逼当供应。凡遇上宪过境，岁中祀典，衙内需用各物，有卖则短价勒买，无卖则签票派办，甚至碾夫木匹柴炭鸡鸭，派累难堪。差役持票，百计刁难，尤为惨索。间或随堂发价，候领无期，纵蒙恩给，差扣房除，大亏血本。倘或一时难继，锁责频加，苦难尽诉。仰睹宪台于各行公务派累，均蒙饬禁在案，亦无别端扰累。只敢叩宪辕，乞恩俯准饬勒石遵守。蚁等不敢追求往昔，但愿嗣后市中买卖，官民一体，革除积弊，苏救群黎，永颂甘棠于勿替矣，等情。

奉批：地方官各衙门需用食物，俱应照依市价，公平购买，何得签票派办，短发价值？且查文庙春秋祭祀，所用祭品，例得开销，更不应派累各行。经纪小民，奚堪当此？仰浔州府即速严查，剀切示禁。自示之后，倘再不遵，立即据实揭报，官参役处，以示惩儆，毋得瞻徇，并干未便。粘票并发，等因。奉此，合亟出示，剀切晓谕。为此示谕该县属城厢圩市保甲行户、各衙胥役人等知悉：嗣后致祭文庙暨各祀典，需用猪羊一切品物，须由地方官照依市价买用；其署中口逐所需各物，均照价平买，毋得短价抑勒。倘有不法胥役，阳奉阴违，仍蹈前辙，许该铺户人等赴县指名禀究。各宜凛遵，毋违。特示！

大乌圩铺民遵奉勒石。

乾隆五十五年四月初九日示。①

---

① 饶任坤、陈仁华编《太平天国在广西调查资料全编》，第473—474页。

  由碑文可知，在大乌圩的粤东商人不断遭受地方官员、差役的随意摊派，致使其难以营生。关肇泰直接到两广部堂状告地方官员一案，充分说明大乌圩粤东商人的实力相当雄厚，与广州城内的两广高级官员有密切来往。而两广总督为粤东商人提供政治庇护，则是出于保障广州府米粮供应的目的。大乌圩由关肇泰这样背景深厚的大商贾所主导，说明大乌圩已从以辐射平南浔江南岸为主的本地市场，转变为连接广州、佛山地区的区域圩镇。

  该案的完结，直接促成了乾隆五十八年（1793）大乌圩粤东会馆的创建。[①] 新建的粤东会馆位于列圣宫左侧，福康安的批示碑也被立于新馆之内。大乌圩粤东会馆的创建，并没有取代列圣宫成为圩内的主庙。列圣宫虽为粤东商人所主导，从康熙六十一年（1722）的碑记可知，该庙除客商信众外，还包括了大量本地信众。因此，列圣宫并不适合作为处理粤东商人与官府关系的场所。实际上，粤东会馆与列圣宫相互间存在功能互补的关系。前者的主要作用在于处理粤东商人与当地官府的关系，而列圣宫仍承担着管理圩内贸易、仲裁纠纷的功能。因此，粤东会馆与列圣宫紧邻的空间格局，微妙地折射出上述两者的联系与功能的差异。更值得玩味的是，时至今日，如果走进大乌圩，我们仍能清晰感受到镇上居民对待二者的态度有所区别。在 2000 年以后，粤东会馆已被承包出去，成为供奉如来的佛寺；但列圣宫仍作为全镇的主庙，是当地居民祭祀和举行仪式的场所。因此，乾隆末年粤东会馆的创建，实际上是列圣宫功能的延伸与完善。大乌圩的这一情形，与浔江流域其他圩市的情形极为不同，粤东会馆始终没有成为控制、管理圩市的权力场所。

  乾隆末期，随着市场的发展，大乌圩的商户不断增多，市场关系亦变得更为复杂。大乌圩除创建粤东会馆对抗官府外，也通过重修列圣宫以重新整合当地的市场。嘉庆十年（1805），大乌圩列圣宫进行了清代

---

  ①   碑文存于广西通志馆抄录的原始笔录卡片，感谢唐晓涛教授提供资料。

最大规模的重修，凡在大乌圩有贸易经营的商户均有捐助。在重修的过程中，共筹得捐款 1234 笔，折合白银约 5152.15 两。① 如果将这次的捐助与康熙六十一年（1722）《创建列圣宫题名碑记》相比，此次参与捐助的商户增加了近一倍，金额增加了约 19 倍。捐助户数与金额的大幅度增加，反映了大乌圩市场规模的巨大增长。关于列圣宫的此次重修，笔者最感兴趣的问题是，列圣宫在重修的过程中如何处理不同商铺群体之间的关系。

对于上述问题，我们不妨先了解重修碑记的基本情况。重修从嘉庆十年（1805）开始，直到嘉庆十四年（1809）才完全竣工，前后共历时五年。此次重修留下的文献有《嘉庆乙丑年重修列圣宫增建后楼东西厅题名碑记》及《重修列圣宫收支数目并庙坐向界止碑》两通碑记。前者名义上为一通碑，但实际上由四通碑组成——《重修列圣宫题名碑记》《列圣宫增建后楼》《东西厅题名碑记》《嘉庆乙丑重修列圣宫通墟喜助工金不敷各商贾再将货利加捐银两题名碑记》，这四通碑立于嘉庆十四年（1809）。《重修列圣宫收支数目并庙坐向界止碑》立于嘉庆十六年（1811）。

重修题名碑分为四通的原因为重修捐助来源及用途不同：《重修列圣宫题名碑记》为旧殿重修的捐助题名；《列圣宫增建后楼》为新建后楼的捐助题名；《东西厅题名碑记》为增建东、西二厅的捐助题名；《嘉庆乙丑重修列圣宫通墟喜助工金不敷各商贾再将货利加捐银两题名碑记》为抽厘的题名。因前三通的捐助总额不足以支付所有修缮费用，于是对全圩铺户按照千分之三的比例抽厘，直至收足款项为止，最后抽厘名列及金额刻于《嘉庆乙丑重修列圣宫通墟喜助工金不敷各商贾再将货利加捐银两题名碑记》之上。重修及抽厘的过程在《重修列圣宫题名碑记》中有清晰的记载：

---

① 根据《嘉庆乙丑年重修列圣宫增建后楼东西厅题名碑记》（嘉庆十四年）捐助名列统计而得。

嘉庆乙丑年，首事等议，即前二进而新之，右创三进，敬金花夫人其中，而以其后大殿增置高阁，迁大士、财神，增建文昌其上。水涨则群神列圣并列同升，波涛无恐，众赞其议，而难捐资，更酌签题外，随货抽丰，每值百金抽银叁钱。朔望则令诸铺户诣词吐款，必诚必信。阅岁余，得金叁千有奇。鸠工庀材，不日不月而工竣。①

由碑文可知，庙事在每月的初一、十五根据货值的额度向各铺户抽厘，共历时一年多，抽得额度为白银三千余两。另外，列圣宫此次重修，前殿主祀金花夫人，增修的后楼迁入观音、财神并增列文昌。主祀神明已经不是康熙年间的北帝及贤化大王，这一情况说明大王庙的祭祀群体已经发生了重大改变。而在此次重修中，金花夫人的位置并没有发生改变，仍然居中。大王庙在嘉庆年间的重修实际上是对圩镇内商铺的重新整合。金花夫人的信众应为大王庙的原有商铺，而修建后楼并增迁入庙的观音、财神，则为被大王庙重新整合商铺群体的祭祀神明。因此，在重修列圣宫的过程中，两个群体之间的关系十分微妙，其分别捐修各自的神明，但这些神明又共祀于列圣宫之中。正因如此，才形成了《重修列圣宫题名碑记》与《列圣宫增建后楼》两个不同部分捐助各自单列的情形。此外，东、西二厅捐助的单列则又是另一需要细究的问题。根据圩内老人的记忆，在 20 世纪 50 年代以前，东、西二厅并不供奉神明，而是修作借宿、存货之用。因此，根据空间功能可以判断，东、西二厅的增修应来自来往水客的捐助。综上分析，嘉庆十四年（1809）重修捐助题名，可以分为列圣宫原有商户、新加入商户及水客三个群体。

如果再将四通碑中旧殿、后楼与东西厅的捐助题名相互比较，会发现三者之间基本没有出现重复捐款的情况。兹将三部分重复的商户统计如下（见表1）。

———————

① 《重修列圣宫题名碑记》（嘉庆十四年），碑存于广西贵港市平南县大安镇列圣宫内。

表1　嘉庆十四年大乌圩列圣宫旧殿、后楼、东西厅重复捐助比较

单位：户，两

比较部分	重复商户	捐助总额	捐助对象	捐款额
旧殿—后楼	1	5.04	旧殿	2.88
			后楼	2.16
旧殿—东西厅	2	6.26	旧殿	3.13
			东西厅	3.13
后楼—东西厅	7	46.28	后楼	36.00
			东西厅	10.28

注：（1）以1大元银元＝0.72两库平银为折算标准，下文银元与白银的折算标准均如此。

（2）表中的捐助总额为相同名单在不同捐助对象上的捐款相加而得。

（3）有些商户的名字并非完全一致，笔者从最大可能性的角度考虑，一并统计处理。

资料来源：根据《嘉庆乙丑年重修列圣宫增建后楼东西厅题名碑记》（嘉庆十四年）捐助名列统计而得。

题名碑中共同捐助旧殿与后楼的商户仅1户，共同捐助旧殿与东西厅的商户有2户，共同捐助后楼与东西厅的商户有7户。通过上述比较，可以更加清楚地看到整个捐助的题名由三个群体组成。同时，从表1也可以看出，正是因为群体关系复杂，列圣宫无法通过商号自愿捐助筹得足够的修缮资金。因此，最后重修的资金大部分来源于抽厘所得（见表2）。

表2　嘉庆十四年大乌圩列圣宫捐助构成

方式	捐助对象	捐款数（户）	捐款总额（两）	占总额之比（％）
认捐	旧殿	101	485.39	9
	后楼	420	854.66	17
	东西厅	377	547.31	11
抽厘	列圣宫	336	3264.79	63
	合计	1234	5152.15	100

注：以1两库平银＝1250文铜钱为折算标准，下文白银与铜钱的折算标准均如此。嘉庆初期，广西地区1两白银的折算范围在1100文到1450文铜钱之间波动［《奏为遵旨察看粤西铸炉钱目及钱价事》（嘉庆八年二月初十日），中国第一历史档案馆藏，档案号：03-01-000-001853-0056-0000］，本文折中统一采用1250文的折算标准。

资料来源：根据《嘉庆乙丑年重修列圣宫增建后楼东西厅题名碑记》（嘉庆十四年）捐助名列统计而得。

由表 2 可以看出，抽厘所获得的经费占了总额的 63%。同时，在捐助商户数中，旧有的商户数量最少，仅有 101 户，而新加入的商户达到了 420 户，数量远远超过了前者。而来往水客的数量达到了 377 户。这些数据的对比，进一步说明乾隆后期至嘉庆年间大乌圩市场的发展极为迅速，新加入的商户在数量上远远超过了旧有商户。

当大量的商户涌入大乌圩之后，市场秩序的重组便成了亟待解决的重大问题。大乌圩市场秩序重组的结果体现于总理及首事名单之中。总理、首事为庙会之中实力最为雄厚的商户，其分布状态会清楚反映不同群体的构成情况。将总理、首事的名单与捐助题名对比，可得表 3。

表 3　嘉庆十四年大乌圩列圣宫总理、首事捐助分布

单位：两

分类	旧殿	后楼	东西厅	抽厘
总理	105.84 （5 户）	61.20 （6 户）	9.36 （2 户）	582.55 （11 户）
首事	5.76 （2 户）	111.24 （19 户）	51.84 （12 户）	324.34 （24 户）
合计	111.60 （7 户）	172.44 （25 户）	61.20 （14 户）	906.89 （35 户）

资料来源：根据《嘉庆乙丑年重修列圣宫增建后楼东西厅题名碑记》（嘉庆十四年）捐助名列统计而得。

在总理与首事的分布中，可以看到旧殿题名中有总理 5 户、首事 2 户，而后楼的题名中则有总理 6 户、首事 19 户，东西厅题名中则有总理 2 户、首事 12 户。这一分布状态说明，大量的商户进入大乌圩后，总理数量已经形成了新旧商户平分的局面。在此基础上，如果再将题名中捐助额度最多的二十名商户列表（见表 4），则可以看到以下情形。

表 4　嘉庆十四年大乌圩列圣宫捐款总额前二十名

单位：两

认捐分布	名称	身份	捐款总额	捐款方式	排名
旧殿	广义店	总理	130.50	认捐、抽厘	2
	广德当	普通商户	119.54		3
	长源店	总理	114.85		4
	源昌当	普通商户	96.74		5
	大成当	普通商户	96.66		6
	远来馆	总理	65.35		14
	欧隆馆	总理	64.80		15
后楼	大纶店	普通商户	195.31		1
	泗合店	总理	87.94		7
	贤合店	总理	76.04		8
	欧合馆	普通商户	73.53		9
	李胜店	总理	71.77		10
	东成店	总理	67.19		12
	长聚店	普通商户	66.40		13
	长义店	普通商户	53.50		18
	李正来	总理	51.87		19
东西厅	恒足店	普通商户	67.60		11
	高升店	普通商户	54.84		17
	巨昌店	普通商户	51.83		20
后楼、东西厅	天和店	普通商户	58.78		16

资料来源：根据《嘉庆乙丑年重修列圣宫增建后楼东西厅题名碑记》（嘉庆十四年）捐助名列统计而得。

由表 4 可以看到，在捐助总额排前二十名的商户中，单纯捐助后楼的商户共有 9 户，共捐白银约 743.55 两；捐助旧殿的商户共有 7 户，共捐白银约 688.44 两。这一构成再次说明新旧商户的实力大体相当。因此，嘉庆十四年（1809）列圣宫的重建，与其说是旧有商户整合新加入商户，不如说是新旧商户合作共建大乌圩的市场秩序。在重修之前，新加入的商户在列圣宫中并没有"份"，这一情况既不利于其经营，也不利于整个圩市的管理。通过重建的活动，新加入的商人将其奉祀的神明迁入列圣宫内，获得了圩市管理中的话语权。通过嘉庆十四年（1809）的重修，大乌圩的市场秩序完成了重建。

三　清中叶大乌圩与戎圩、江口圩的关系

前文分析了大乌圩在清康熙至嘉庆期间兴起与发展的过程中如何不断重组市场秩序。在此基础上，需要进一步将大乌圩放在西江中游地区"一戎二乌三江口"的市场格局中做宏观考察。

在清代西江流域市场发展的过程中，三个圩市的发展道路不尽相同。前文已述，大乌圩的兴起主要是粤东商人进入后，通过捐资大王庙，将其改建成列圣宫而获得了在圩市立足的资格。与大乌圩不同的是，在戎圩的粤东商人主要是借助粤东会馆控制圩市的贸易：

> 虽通邑大都，广墟雄镇，未足比也。地故有关夫子祠，享一墟香火，亦吾东人之所建也。康熙五十三年，更祠为会馆。珠江郑公，首捐重资为倡，并撰文记之详矣。夫声气相依，固人情所乐，而期会有所，则众志益兴，会馆成！①

因资料的散佚，我们无法得知戎圩兴起的具体过程。但从材料可以判断，粤东商人进入戎圩的方式为创建庙宇。粤东商人先是在戎圩创建关夫子祠（即关帝庙），康熙末年，粤东商人再将关夫子祠改建为粤东会馆。该会馆由此成为控制戎圩贸易的场所。此为戎圩的基本情形。

粤东商人在江口圩的情形与在大乌圩、戎圩的又不尽相同。江口圩位于大黄江与浔江交汇处，其原先并非圩市。旧圩原址在浔江对岸，为

---

① 《重建粤东会馆碑记》（乾隆五十三年），碑存于广西梧州市龙圩区粤东会馆内。

瑶人的圩市。① 乾隆末年，粤东商人到江口开设圩市，经营浔州府的米粮、药材及山货贸易。乾隆五十八年（1793），当地的粤东商人创设了粤东会馆。《创建粤东会馆序》现已不存，碑文收录于《太平天国在广西调查资料全编》中。② 因此，江口圩的发展模式是粤东商人直接开设新圩以取代旧圩，同时创设粤东会馆管理圩市贸易。

如果将大乌圩与戎圩、江口圩进行比较，就会更加清楚了解其发展的独特性。戎圩与江口圩均属于"创设式"的发展，而大乌圩属于"嵌入式"的发展。

在对比不同的发展模式之后，再将嘉庆十四年（1809）大乌圩列圣宫的重修碑记与乾隆末年戎圩、江口圩两个粤东会馆的重修碑记进行对比。通过捐助名单的比对，考察大乌圩与戎圩、江口圩的关系。首先通过对比捐助金额了解规模（见表5）。

表5　清中叶西江中游三大圩会馆（庙宇）捐助金额比较

单位：两

排名	捐助对象	捐款总额
1	戎圩粤东会馆（乾隆五十三年）	7204.88
2	大乌圩列圣宫（嘉庆十四年）	5152.15
3	江口圩粤东会馆（乾隆五十八年）	1528.90

资料来源：根据戎圩《重建粤东会馆题名碑记》（乾隆五十三年）、江口圩《创建粤东会馆序》（乾隆五十八年）、大乌圩《嘉庆乙丑年重修列圣宫增建后楼东西厅题名碑记》（嘉庆十四年）捐助名列统计而得。

从乾隆末年至嘉庆中叶，三圩的商人均对控制市场的庙宇或会馆进行了清代最大规模的创设、重修，其捐助金额均为清代之最。由表5的对比，可以看到戎圩粤东会馆共筹得白银约7204.88两，为三圩之最；

---

① 饶任坤、陈仁华编《太平天国在广西调查资料全编》，第41页。
② 饶任坤、陈仁华编《太平天国在广西调查资料全编》，第434—435页。

大乌圩列圣宫筹得白银约 5152.15 两，排名第二；江口圩粤东会馆共筹得白银约 1528.90 两，排名第三。这一捐助金额的排序，从侧面说明了三大圩市的市场规模，也解释了民间"一戎二乌三江口"说法的缘由。

在此基础上，再通过相互捐助的情况来了解大乌圩与戎圩、江口圩之间的关系（见表 6）。在捐助题名碑中，对于水客的捐助均会标注来源地。因此，可以通过比较这些行商的捐款了解相互间贸易的关联度。

表 6　清中叶西江中游三大圩会馆（庙宇）相互捐助情况

单位：两

商户来源地	戎圩粤东会馆 （乾隆五十三年）	江口圩粤东会馆 （乾隆五十八年）	大乌圩列圣宫 （嘉庆十四年）
戎圩		7.10 （4 户）	29.89 （13 户）
江口圩			7.92 （4 户）
大乌圩	36.00 （13 户）	2.30 （3 户）	

资料来源：根据戎圩《重建粤东会馆题名碑记》（乾隆五十三年）、江口圩《创建粤东会馆序》（乾隆五十八年）、大乌圩《嘉庆乙丑年重修列圣宫增建后楼东西厅题名碑记》（嘉庆十四年）捐助名列统计而得。

如果用虚实线来表示三圩的关联度，可见图 2。

通过表 6、图 2 中内容的比较，可以清楚地看到三圩之间相互的捐助甚少。这一情况说明三圩有各自的市场范围，其均是所在区域的中心市场。同时，这三个圩市的转运货物均直接运往广州、佛山地区。对于三圩的关系，还可以通过比较捐款题名中的相同度来做进一步的印证。三圩捐款题名中相同商户的情况见表 7。

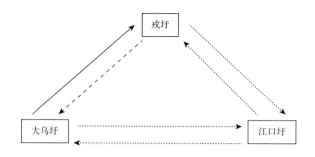

图 2　清中叶西江中游三大圩市关联度示意

说明：（1）箭头表示某一圩的商户前往箭头所指向的圩进行捐款。

（2）捐款 30 两以上为实线；捐款 10—30 两为短虚线；捐款 10 两以下为点线。

资料来源：根据戎圩《重建粤东会馆题名碑记》（乾隆五十三年）、江口圩《创建粤东会馆序》（乾隆五十八年）、大乌圩《嘉庆乙丑年重修列圣宫增建后楼东西厅题名碑记》（嘉庆十四年）捐助名列统计绘制。

表 7　清中叶西江中游三大圩会馆（庙宇）相同商户捐助情况

单位：户，两

共同来往的情况	数量	捐助对象	捐款金额
大乌圩—戎圩	53	大乌圩列圣宫	997.19
		戎圩粤东会馆	294.36
戎圩—江口圩	15	戎圩粤东会馆	548.30
		江口圩粤东会馆	118.20
大乌圩—江口圩	7	大乌圩列圣宫	52.34
		江口圩粤东会馆	259.40

资料来源：根据戎圩《重建粤东会馆题名碑记》（乾隆五十三年）、江口圩《创建粤东会馆序》（乾隆五十八年）、大乌圩《嘉庆乙丑年重修列圣宫增建后楼东西厅题名碑记》（嘉庆十四年）捐助名列统计而得。

整体而言，三个圩市之间的来往并不密切。在戎圩和大乌圩之间均有捐助的商户有 53 户，在戎圩和江口圩之间均有捐助的商户有 15 户，而在大乌圩和江口圩之间均有捐助的商户有 7 户。表 7 进一步说明，戎圩、大乌圩与江口圩的商户基本属于不同的群体。除了戎圩与另外两圩关联度稍高外，江口和大乌二圩之间的关联度极弱。在清中叶，三地商户主要是将本圩的商品直接运至广州府进行出售。因此，四地市场的关系如图 3 所示。

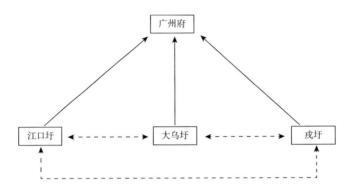

图 3　清中叶江口圩、大乌圩、戎圩、广州府市场关联度示意

说明：带有实线的箭头表示两地市场关联程度高，虚线则反之。

资料来源：根据戎圩《重建粤东会馆题名碑记》（乾隆五十三年）、江口圩《创建粤东会馆序》（乾隆五十八年）、大乌圩《嘉庆乙丑年重修列圣宫增建后楼东西厅题名碑记》（嘉庆十四年）捐助名列统计绘制。

在上述统计分析之后，我们对大乌圩的市场关系有了更清晰的了解：在清中叶，大乌圩与戎圩、江口圩的关联度并不高，其是直接连接平南浔江南岸市场与广州府的区域圩镇。此外，从康熙至乾嘉时期，西江流域市场的迅速发展并没有推动西江流域形成一个整体性强、内部来往密切的市场。大乌圩列圣宫的扩大重修，更多是平南浔江南岸至郁林地区被"卷入"珠江三角洲市场的结果。

结　语

本文以平南县大乌圩为个案，细致梳理了其从康熙末年至嘉庆中叶的发展过程。康熙末年，粤东商人溯武林江进入大乌圩，通过捐助大王庙的重修获得了在大乌圩的贸易资格。大王庙被改建为列圣宫后，该庙成了粤商控制及管理圩市贸易的庙宇。乾隆末年，随着西米大量东运，西江流域各圩市的官商关系变得紧张，在大乌圩的粤东商人由是创建了粤东会馆以对抗本地官府。但粤东会馆的创建，并没有取代列圣宫成为圩市的主庙，而更多是完善了列圣宫的功能。同时，随着圩市规模的扩大，大乌圩的群体构成日渐复杂。这一情况导致圩市上的其他商户及水客加入列圣宫，并通过与该庙的旧有商户合作重修列圣宫，完成了圩镇市场秩序的重建。大乌圩的发展历程，实际上是清代前中期西江流域市场分段式发展的缩影。笔者在以前的研究中曾指出，戎圩是连接西江上游柳州府、南宁府与广州府贸易的大型集散地，而江口圩则是西江最上游地区及中游桂平地区与广州府贸易的转运市场。[①] 与这两个圩不同的是，大乌圩的市场范围主要是在浔江中游平南南岸地区及郁林地区，其贸易的稻米与药材均直接运往广州府市场。这三大圩市之间并不存在密切的贸易往来，均为广州、佛山的次级市场。三大圩市辐射于西江流域的不同河段。

最后希望指出的是，在清代市场史的研究中，如何使用各类会馆、庙宇中的碑刻文献是一个需要研究者不断思考的问题。各种修建（重修）碑刻中所刻载的捐助名列，是研究者展开实证个案研究的重要资料。笔者通过本文希望指出的是，只有展开深入的田野考察，在细致了解会馆、庙宇的神明故事、宗教仪式、民众情感和建筑空间等问题的基础上，回到历史的现场，才能充分理解各种数据的产生机制、数据背后的群体结构及商业网络等问题。也只有在此基础上，才能做出更具人文关怀的量化研究。

---

① 麦思杰：《贸易增长与清乾隆中后期西江中游地区的市场重组》，《中国社会经济史研究》2022 年第 4 期。

官筑与自筑：清末广州大沙头的开埠之争

黄素娟[*]

摘　要　大沙头是珠江冲积而成的一个岛屿，毗邻省城，地理位置优越。清道光年间四周筑土，被开作"围田"。番禺潘、高两氏为争该田产权，争讼多年。光绪四年（1878），番禺县四司设册金局资助新进士子，四司合署捐资两万余两购置大沙头作为公产。宣统元年（1909），停泊在大沙头的花艇发生大火，造成巨大伤亡。广东当局遂向番禺四司册金局士绅购置大沙头，拟辟为"华侨归栖之所"。此举引发了四司绅民的极力反对。官商在大沙头开辟商场上展开多方博弈。

关键词　广州大沙头　公产　番禺四司册金局

大沙头位于广州东南的珠江北岸，是由珠江上游夹带泥沙沉淀冲击而成的沙洲，又名"海心沙"，在清中后期被开发成珠江沿岸的良田。[①]该地恰好在省城东门外三里的东濠出水口处，地处水路冲要，在海防上具有重要地位，是省城东之屏蔽，"一由北支之鱼珠，以抵中流沙、大沙头，均会于省河，是为省防前路"。[②]清末，该处隶属广州府番禺县水师提标后营管辖，河面宽三百五十丈，至深处八尺。便利的水路交通吸引大量船只湾泊，"水又东为大沙头，有二沙浮生水中，二沙之间水

---

　*　黄素娟，广东财经大学华南商业史研究中心讲师。

　①　袁海燕、黄仕琦：《清末民国广州珠江沿岸农业开发与河道变迁》，《农业考古》2014年第4期。

　②　宣统《番禺县续志》卷二《舆地志二》，《中国方志丛书》第49号，台北：成文出版社，1967年影印本，第68页。

狭如港，船多泊焉"。① 光绪三十二年（1906），广东当局设水巡东局于大沙头。② 光绪三十三年，大沙头对面被选为广九铁路总站地址，设广九铁路管理局。③ 宣统元年（1909），停泊在大沙头的妓艇发生大火，造成巨大伤亡。由此，大沙头进入了城市开发者的视野。对于这片土地的系统规划和投资建设，也成为清末民国时期广州城市建设的一个重要议题。孙翔称之为"整体组团式规划"，认为大沙头历经居住组团、机场建设区、商业区开发等多种规划方案，因政府规划不断调整，发展举棋不定，最后不了了之。④ 唐元平认为大沙头开发有着复杂的地权纠纷与农地开发利用问题，是农村城市化进程的掣肘。⑤ 然而，大沙头开发成败不只是政府规划方案和农地利用的问题，还涉及不同群体的利益之争。本文尝试将清末大沙头的开埠置于更为具体的政治、社会和经济史的脉络中探讨，以深入理解清末广州的城市发展历程。

一　大沙头的围田争讼

大沙头频繁出现在文献中是因清光绪年间番禺四司册金局购置公产而引发的一起围田争讼官司。光绪四年（1878），番禺士绅发起捐助士子印金活动，分设捕署册金局、四司册金局。这与清末广东地方社会秩序不稳定有着紧密关联。据朱光文的研究，鸦片战争爆发后为抵御英军和盗乱，番禺各乡士绅纷纷组织以"社"或"社学"为基础的团练来保家卫乡。至咸丰四年（1854）洪兵起义期间，各地团练又组成了地方军事联盟，以"局"或"书院"为基础开展活动。番禺茭塘司、沙

---

① 同治《番禺县志》卷五《舆地三》，《中国方志丛书》第48号，第36页。
② 宣统《番禺县续志》卷八《经政志二》，《中国方志丛书》第49号，第138页。
③ 宣统《番禺县续志》卷四《建置》，《中国方志丛书》第49号，第91页。
④ 孙翔：《民国时期广州居住规划建设研究》，广东人民出版社，2016，第179—184页。
⑤ 唐元平：《清末民国广州地权纠纷与农地开发问题——以大沙头为例》，《农业考古》2018年第1期。

湾司的团练总局合称"沙茭总局"，先设在市头，后设于南村贲南书院，是清末番禺地区实际上的军事政治中心。局绅主要由两司属各地大族乡绅担任，包括西山乡潘亮功、石楼乡陈希献等。① 在广东其他地域也有类似的军事联盟，例如香山书院、东莞明伦堂、顺德团练总局、青云文社等。这些组织以教育机构为名，更具有传统文化的意味，在表面上"掩盖"了其军事活动中心的本质，其活动也多与科举考试有关。光绪四年，因"司铎造呼名之册纸贵，三都新生筹印卷之资，家徒四壁"，在籍士绅潘亮功、谢佩熙、许其光、梁肇煌等发起捐资"册金"。② "册金"原指童生入学后参加每级科考缴纳的报名费，在此等同于"印金"。"印金"又称"束脩"或"印卷金"，是指新取录的文武生员赠送给学官的礼金，具体名目包括印金、印朱、贽仪、书斗、办公费、印红费等。③ 其时在顺德、香山、新会、南海各县都已有相似的资助印金的先例。④

　　番禺四司册金局购置大沙头作为公产，引出潘氏与高氏"一田两主"的纠纷。番禺册金局在倡建时以县为单位，但在运作中强调"捕署"和"四司"地域的区分：资金筹集由"乡城分股劝捐"，资金经营上"司捕各筹生息"，在资金使用上更明确区分"司属印金由司款汇交，捕属印金由捕款按送"。⑤ 根据番禺学宫内藏的碑记所载，四司议捐册金又分为四股，"沙湾、茭塘、捕署各值一股，慕德里、鹿步共值

---

① 朱光文：《地方动乱与士绅权力组织变迁——以清末番禺县沙茭团练总局（贲南书院）为中心》，氏著《番禺蓼涌四村历史文化论集》，世界图书出版广东有限公司，2020，第141—183 页。

② 同治《番禺县志》附《番禺册金案附》，《中国方志丛书》第 48 号，第 682 页；宣统《番禺县续志》卷二〇《人物志三》，《中国方志丛书》第 49 号，第 268—270 页。

③ 见黄素娟《从捐资助考到地方公共事务的参与——清中期至民国广东宾兴组织研究》，硕士学位论文，华南农业大学，2008，第 10—11 页。

④ 同治《番禺县志》附《番禺册金案附》，《中国方志丛书》第 48 号，第 682 页。

⑤ 同治《番禺县志》附《番禺册金案附》，《中国方志丛书》第 48 号，第 682 页。

一股，慕德里值一之六，鹿步值一之四。如何筹捐，各用各法"。① 光
绪六年，四司册金局以四司"育秀堂"和茭塘司"培英堂"合股的名
义，向潘荣阳等十堂买入大沙头围田，共纳税七顷六十四亩余，价银一
万七千五百两正。其中育秀堂值五股，培英堂值一股，合六股。② 四司
属共捐资两万一千六百八十四两七钱八分（见表1）。其中茭塘司合司
共捐册金九千六百五十七两六钱三分，缴出邑学册金局银五千六百二十
五两，除缴实溢银四千三百三十三两二钱九分，由培英堂收管，预备再
置产业，作为培植士林经费。据《番禺县续志》，提议购置大沙头的是
南村人邬彬，"倡议购买大沙头田数顷，以田租缴纳册金，寒畯裨益匪
浅"。③ 南村邬氏是道、咸之际组建东山社团练的大族，邬夒飏是东山
社的创建者，其弟邬钧飏在沙茭总局负责沙田租，族人邬彬、邬继枢等
人在购置沙田、维持沙茭总局运营上颇为有力。④

表1 番禺四司册金捐题

单位：两

番禺司属	乡、社、社学、局	捐题金额
茭塘司	岗尾社、河南南洲公局、显社、深水社、东山社、崇文社、彬社、不属社各乡	9657.63
沙湾司	仁让社、平康社、同风社、亲仁社、协恭社、螺阳社、同安社	5575.67
慕德里司	佛岭社、石井社学、成风社学、六顺社学、同风社学、和风社学、仁风社学、淳风社学、莲湖社学、泰安社学、同文社学	1935.01
慕德里司属各乡氏族捐题	安和局、公平书院、凤凰局、仁善局、石牌堡、车陂堡、横沙堡、七社堡、南岗堡、十五屯堡、罗岗堡、火村堡、暹岗堡、黄陂堡、龙眼堡、昇平局各庄	4516.47
合计		21684.78

① 《司捕属分办册金章程》，碑藏番禺学宫；碑文内容也可参见魏雅丽《清末广州番禺学宫
  印金问题探析——〈番禺府县新生印金章程碑记〉考略》，《佛山科学技术学院学报》
  2013年第4期。
② 同治《番禺县志》附《番禺册金案附》，《中国方志丛书》第48号，第682—690页。
③ 宣统《番禺县续志》卷二二《人物志五》，《中国方志丛书》第49号，第299页。
④ 宣统《番禺县续志》卷二二《人物志五》，《中国方志丛书》第49号，第298—299页。

而为什么选择购置大沙头则颇值得玩味，在此之前，潘氏与高氏两族已为该地争讼多年。购置大沙头事传出，番禺礼村士绅高翔翎等就向番禺知县投称：此田名为"海心沙"，系高姓祖遗物业，被潘荣阳等瞒领，已经相互打官司多年。① 围田是沿河沙坦筑堤围垦成的农田，耗时甚长，容易引发纠纷。在官府登记纳税成为拥有围田所有权的重要依据。礼村高氏争夺大沙头的依据就是"耕输百有余年"，即一直为该地纳税，"突被潘荣阳等堂承领，遗下粮税累伊空纳"。经番禺知县袁祖安查实，此田确是"一地两名""一田两税"。潘荣阳堂等以"大沙头"之名向官府登记熟田及草水白坦，共纳税七顷六十四亩余；而高锡颖堂祖遗"海心沙"编在大石六图一甲高锦业等户，共纳民坦税五顷九十四亩五分。② 两相对比，不难发现两田登记纳税的面积不同，潘氏登记的纳税土地面积比高氏所登记的多了近两顷。推测潘氏和高氏极有可能一直在争夺这块土地，而潘氏可能更具有实际控制权。

在珠三角地区，通过投献为公产来争夺沙田是一种常见的手段。例如，赤山陈氏与南海曾刘争夺清流沙田坦共九顷一十亩。咸丰五年，赤山陈氏将清流沙送入番禺学宫作为公产。公议每年举沙茭绅士值理，岁租缴入明伦堂。除完粮一百二十余两并垫缴涡子尾官租四百两外，拨回陈氏租银十之三七，余十之六三归阖邑，每遇会试正科支公车盘费银五百两，恩科支公车盘费银二百五十两，每乡科备送卷价、每年京城会馆银各一百六十两，此外如有存余为通邑公用。③ 赤山陈氏正是石楼乡士绅陈希献的家族，他也正是大力倡建沙茭总局、册金局的士绅之一。因此，高翔翎等称，"今册金局置为公产不敢控争。惟恳补回工筑本银，将原税拨归公产究纳"。于是，知县袁祖安劝令潘荣阳等堂在卖价内拨出银五千两给高族作工筑本银，此议得到潘、高两姓同意，遂将潘荣阳

---

① 同治《番禺县志》附《番禺册金案附》，《中国方志丛书》第 48 号，第 682—690 页。
② 同治《番禺县志》附《番禺册金案附》，《中国方志丛书》第 48 号，第 682—690 页。
③ 同治《番禺县志》卷一六《建置略三》，《中国方志丛书》第 48 号，第 177—178 页。

等堂所承大沙头田坦税注销，四司册金局照高锡额堂的税额完成过割归户。① 番禺四司捐款册中还记载，礼村高锡额堂捐补贴纳海心沙围田粮银五百两正。②

《番禺册金案》完整地记录了册金局设立的缘由、册金局章程及各级官府的批示，大沙头"一田两名"案件的番禺县判词，以及捐题经费名单，然后被收录到同治《番禺县志》中作为附录。同时，番禺学宫内明伦堂后侧藏有《番禺府县新生印金章程碑记》碑刻六方，其中第一方记载着倡建册金局过程、册金局章程，第二至六方为题捐册金数列。③ 这都充分说明册金局及其公产对倡建官绅、捐资的各乡村宗族而言极为重要。这也为后续大沙头开埠的纠纷埋下了伏笔。

二　广东当局的开埠计划

大沙头的开埠计划源于新政时期的"振兴商务"思想。早在张之洞任两广总督期间（1884—1889 年），就将开发珠江堤岸视为对抗沙面外国人的重要经济和政治手段，即引进外国的城市规划方法、建筑技术、交通工具来发展商业，进而达到争回利权、摆脱外国人垄断之目的。④ 杨天宏认为甲午中日战争期间，对外开埠通商成为知识精英的普遍共识，一方面是日本明治维新的成功刺激了国民的民族主义情绪，加速了"开埠"的步伐；另一方面，甲午中日战争及战后赔偿也在客观上促使清廷"自开商埠"，以广开财源。至新政时期，"广开口岸"自

---

① 同治《番禺县志》附《番禺册金案附》，《中国方志丛书》第 48 号，第 682—690 页。
② 《番禺四司大沙头公产示》，宣统三年铅印本，第 33 页。
③ 魏雅丽：《清末广州番禺学宫印金问题探析——〈番禺府县新生印金章程碑记〉考略》，《佛山科学技术学院学报》2013 年第 4 期。
④ 见拙著《从省城到城市：近代广州土地产权与城市空间变迁》，社会科学文献出版社，2018，第 82—86 页。

开商埠已作为一项变法措施全面展开。^① 柯必德也指出，在 19 世纪的政治经济思想中，已经出现商务与工政社会角色的扩张。^② 为推动工商业发展，广州官员、绅商首先设立各种官方或非官方的工商业机构。光绪三十一年（1905），广州商务总会（即广州总商会）创立于新城晏公街。该会由广州七十二行商董禀请两广总督岑春煊、商务大臣张振勋咨商部设立，号召"提倡农工路矿各种实业，次第劝办，挽回利权"，并札派左宗蕃为总理、郑观应为协理、黄景棠为坐办。^③ 光绪三十二年，农工商局在新城一德社天后宫开办。^④ 光绪三十三年，各省奉旨设置劝业道一员，职掌兴办农工商业及推广船、路、电、矿各事宜。光绪三十四年，劝业道署设在新城五仙门内关部前街粤海关监督署旧址，并将农工商局裁并劝业公所，设在劝业道署东。^⑤ 七月十三日，由两广总督张人骏奏准，钦谕候补道陈望曾（1853—1929）出任广东劝业道。^⑥ 陈氏上任后即发布"通筹全省实业"的示谕，号召"生长其间者、见闻较确或学识优长留心时务之士、夫或更事素多富于经验之商人"条陈创办实业的建议。又聘请美国大学毕业的农业和矿业人才，创办农事试验场附传习所，创办矿务学堂附化验所，"以资实地习练，而备分设场所之用"。^⑦ 与此同时，广州官商在报纸杂志上发表鼓励工商的各种言论。

---

① 杨天宏：《口岸开放与社会变革——近代中国自开商埠研究》，中华书局，2002，第46—56 页。

② Peter J. Carroll, *Between Heaven and Modernity: Reconstructing Suzhou, 1895 - 1937*, Stanford: Stanford University Press, 2006, p. 31.

③ 《黄景棠改委商务坐办》，《申报》1905 年 8 月 17 日，第 4 版；《商部乙巳年纪事简明表六续》，《申报》1906 年 2 月 28 日，第 4 版；宣统《南海县志》卷六《建置略》，《中国地方志集成·广东府县志辑》第 30 册，上海书店、巴蜀书社、江苏古籍出版社，2003 年影印本，第 171 页；《东方杂志》，光绪三十年第 1 卷第 12 期，"商务"，第 154 页。

④ 宣统《南海县志》卷六《建置略》，《中国地方志集成·广东府县志辑》第 30 册，第 171 页。

⑤ 宣统《番禺县续志》卷四《建置二》，《中国方志丛书》第 49 号，第 86 页；卷一二《实业志》，第 170 页。

⑥ 《录上谕》，《申报》1908 年 8 月 10 日，第 2 版；《粤督请补劝业道》，《申报》1908 年 9 月 30 日，第 12 版。

⑦ 《劝业道通筹全省实业》，《申报》1908 年 11 月 17 日，第 11—12 版。

新政时期，广州官商先后创办的报刊有近百种，报刊传播商业信息、开拓商业市场的作用得到充分发挥。①

在舆论喧嚣的同时，广东当局也实施了一系列振兴商务的举措。首先，修建铁路，加强广州与内陆市场、香港的联系。光绪二十五年和光绪二十七年，盛宣怀代表清政府先后与合兴公司签署两份合同，粤汉铁路兴工在即。② 消息传出，铁路所经的黄沙、芳村附近一带吸引大批商人投资置地，且有"多多益善之势"。③ 光绪三十一年，岑春煊将筹办广九铁路提上日程。④ 光绪三十三年初，清廷外务部与中英公司订立合筑广九铁路的正式合同。⑤ 其次，接续张之洞提出的珠江堤岸计划。光绪二十九年正月，广东当局设堤工局于南关大巷口，专司长堤之事。⑥ 西关段、南关段、米埠段先后兴工，光绪三十年，德兴街至谷埠首段即将告竣，时人估计长堤"大约春灯时节可告成功"。⑦ 最后，开发川龙口。该地原为番禺学宫产业，其开发最初是为了促进东堤的土地承领。光绪三十二年，东濠口堤岸将告竣，却无商人领地。时任广州知府陈望曾提议由官府在临近东濠口堤岸的川龙口，建花园一所、戏园一所，"以为之倡"。⑧ 善后局遂拨款向番禺学宫明伦堂士绅购置川龙口。光绪三十四年，广九铁路在中外工程师及职员联合勘定下，以川龙口为起点

---

① 蒋建国：《报界旧闻——旧广州的报纸与新闻》，南方日报出版社，2007，第122—129页。

② 宓汝成编《近代中国铁路史资料》中册，台北：文海出版社，1989，第501—503、511—515页。

③ 《先求旺地》，《华字日报》（香港）1901年6月23日；《河南树界》，《华字日报》（香港）1902年1月7日。《华字日报》（香港）在1914年前无版数，特此说明。

④ 《粤省督抚电争广九铁路权利》，《申报》1905年8月2日，第4版；《筹办广九铁路》，《申报》1905年12月26日，第3版。

⑤ 广九铁路管理局编印《广九铁路旅行指南》，1922，第9页；《1907年广州口岸贸易报告（译文）》，广州市地方志编纂委员会办公室等编译《近代广州口岸经济社会概况》，暨南大学出版社，1995，第469页；《广儿铁路已开始测勘》，《广州总商会报》1907年10月14日，第3页。

⑥ 《堤岸请款》，《岭东日报》癸卯年（1903）二月初二日，第3页b。

⑦ 《堤岸将成》，《华字日报》（香港）1904年1月9日。

⑧ 《酒馆娼寮花艇须知》，《华字日报》（香港）1906年6月25日。

建筑车站（筑成后称"大沙头站"）。① 周馥继任两广总督后，将川龙口规划为新商场，并设立"新市局"，主管勘界、绘图、购地、兴工等事务。② 但新市局征地的举措遭到当地居民的强烈反对。周馥卸任后，开辟川龙口商场的计划付诸东流。新任总督张人骏并不看好开发川龙口，认为"徒以工巨费大，缔造维艰，非刻期所能成立"。③ 川龙口旁边的大沙头岛遂进入了广东当局的视野。

宣统元年（1909）初湾泊在大沙头的妓艇发生火灾，也为广东当局购买大沙头创造了条件。长堤兴工后，珠江河面的花艇一直被迫向东迁移，湾泊至东濠口以东的大沙头河面。光绪三十一年前后，大沙头花舫已成广州一景，"日形繁盛"，时有匪徒劫掠。④ 因此，广东当局在设水面巡警时，以海珠为中路正局，以大沙头为东路分局。⑤ 1909 年 1 月 30 日晚上 10 点，大沙头财记艇大柜后第二房因跌下酒精灯起火，船上人纷纷以清水灌救，但愈救愈猛，不可收拾，妓女饮客皆自顾性命，绕船乱走。火势顺势蔓延到周围的妓艇、沙艇、小艇，一时间哭声震天，万头攒动，"火势之烈直如夜烧赤壁"。⑥ 据统计，此次火灾共烧毁大小船只 61 艘，当晚小艇、水巡等沿河救下 130 人。灾后巡警及救灾公所连日沿河打捞尸身，捞获男女尸骸共 281 具。⑦ 火灾之惨烈震惊中外，当局决定禁绝妓艇。两广总督张人骏下令，"嗣后河面不准再有一名娼妓寄居舟中，亦不准游人在舟招妓、侑酒"。⑧ 这项禁令促进了东堤的

---

① 《新辟东堤商场续闻》，《华字日报》（香港）1908 年 10 月 5 日。
② 《公园地址准商缴价承领》，《华字日报》（香港）1907 年 1 月 15 日；《橄行筹设商场新市局》，《华字日报》（香港）1907 年 3 月 22 日。
③ 《札道购回大沙头开辟新市》，《申报》1909 年 5 月 25 日，第 2 张第 4 版。
④ 《广州》，《申报》1905 年 7 月 25 日，第 10 版。
⑤ 《水面巡警分局办法》，《申报》1905 年 11 月 3 日，第 4 版。
⑥ 《大沙头火劫详情》，《华字日报》（香港）1909 年 2 月 2 日。
⑦ 《大沙头火灾后之筹备》，《申报》1909 年 2 月 16 日，第 2 张第 2 版。
⑧ 《大沙头火灾后之筹备》，《申报》1909 年 2 月 16 日，第 2 张第 2 版。妓艇在 1912 年底由广东省警察厅规复。见《娼妓复业之先声》，《民生日报》1912 年 11 月 15 日，第 5 页。

开发。水师提督李准、千总李世桂等人组设了广东置业公司，购买下东堤大片土地，建设码头、戏院、酒馆、妓馆、书楼及公园等。① 妓艇随即也上岸，搬迁到东堤。与此同时，职商韦俊廷向广东劝业道建议，开辟大沙头，"建造市场、铺屋、公园，并开辟马路、筑桥，与川龙堤岸相接，四通八达，直与沙面东西对峙，蔚为大观"。总督张人骏深以为然，令劝业道陈望曾与广州知府、南番两知县邀集四司册金局士绅，商议购地事宜。②

　　宣统元年底，广东劝业道与四司册金局士绅卢维庆等达成购买大沙头交易。代表四司册金局的士绅包括卢维庆（即仲吉）、梁庆桂（即小山）、梁广铨、梁肇修（即梅溪）、张锡麟（即务洪）、张正时（即端甫）、崔树芬（即芰南）、崔其濂（即莲峰）、崔景星、崔伟奎、梁庆桦（即小山弟）、崔浚荣（即明三）、崔佐霖（即李卿）、崔盛唐、何天衡（即天闲）等五十一人。③ 其中卢维庆是光绪十八年壬辰科进士，授翰林院庶吉士，与南洋巨富陆佑为儿女亲家。梁庆桂、梁庆桦来自黄埔书香世家，祖父梁同新、父亲梁肇煌均为翰林、侍学、京尹。梁庆桂光绪二年举于乡，历任内阁中书、侍读。光绪二十年参与梁启超的各省公车上书之事，光绪二十四年参与京师保国会。光绪三十二年十二月，梁庆桂奉学部命赴美洲筹办侨民教育，被后世称为"华侨教育的开山祖"。张锡麟是十三行之一的隆记行创始人张殿铨之孙。不难看出，这些士绅均与外贸、华侨事务有着千丝万缕的关联。经广东劝业道与该代表等一再磋商，大沙头地原价为一万七千五百两，当局从优给回价值银二十万元，另签书一万元。于宣统元年十二月如数发给各绅具领。这笔款项在

---

① 《东堤辟建商场公园》，《华字日报》（香港）1909 年 9 月 25 日；《置业公司将产业抽签开彩》，《华字日报》（香港）1915 年 12 月 29 日，第 1 张第 2 页。
② 《札道购回大沙头开辟新市》，《申报》1909 年 5 月 25 日，第 2 张第 4 版。
③ 《番禺四司大沙头公产示》，第 87—88 页。

劝业公所的实业经费项下动支。①

广东当局将大沙头规划为"华侨归栖之所"。光绪十九年，驻英公使薛福成上《请豁除旧禁招徕华民疏》得到奏准，海禁条例正式被废除，从法律上承认了海外华人归国的自由权利。光绪二十九年商部成立后，其主要任务就是吸引华商投资国内，先后推动采用侨领作为政府代言人、提高海外华侨的政治地位、给予华侨投资以优惠政策、授予华侨富商一定官职功名等措施。② 在广州，长堤兴筑后就吸引了大批海外归侨在长堤置产，建设百货公司、商场、酒楼、旅馆等。故而，陈望曾将大沙头规划为"华侨归栖之所"，以吸引更多归侨来粤投资。由洋工程师燕罗义在大沙头测量绘图，拟"四面则砌石筑堤，中央建一大公园，东西则建市场店铺"。③ 袁树勋接任两广总督后，将之命名为"海新埠"，"以示海外归来耳目一新之意"。④

大沙头开埠在广东创办地方实业中也占据着重要位置。宣统三年，谘议局议决禁赌后，两广总督张鸣岐提交善后议案，计划了五项开辟利源事业，即开拓琼崖两属、开辟黄埔商埠、振兴沿海渔业、拓殖东西沙岛及兴筑大沙头商埠。其文曰：

　　　一曰兴筑大沙头商埠也，大沙头商埠前经农工商部奏定由粤省地方官自行筹办。该处地段宽广七百余亩，与沙面东西对峙，蔚为大观，且近广九铁路设站之处，能为先机之布置，即可杜他族之垂涎。加以侨民来归，苦无托足，大沙头在川龙口附近，就其地建造市场铺屋，并开辟马路架桥，与川龙口堤岸衔接，四通八达，实为

---

① 广东清理财政局编订，广东省财政科学研究所整理《广东财政说明书》，广东经济出版社，1997，第 741 页。
② 田兴斌：《清朝末期政府的华侨政策研究》，《经济与社会发展》2006 年第 8 期。
③ 《大沙坦开辟商场之计划》，《华字日报》（香港）1910 年 3 月 10 日。
④ 《兴筑海新埠之计画》，《申报》1910 年 5 月 3 日，第 1 张后幅第 3 版。

殖民之新地。其附近之二沙，亦称膏沃，侨民来归之后并可接续兴筑，广辟工场。既可招集外埠之资财，并可扩充大宗之实业，谋生聚而图富庶计无有善于此者，此兴筑大沙头商埠之利也。①

可见，大沙头毗邻广九铁路，架桥可与川龙口堤岸相接，附近还有可供开发的二沙岛。优越的地理位置是促使广东当局大力推动其开埠的主要原因。宣统三年，广东当局据该计划公开募集地方公债，筹设殖业及储蓄银行。② 同年，南洋富商张鸿南（1861—1921）回粤，广东绅商各界在华林寺召开欢迎茶会。张鸿南，号耀轩，广东梅县松口人。其兄张煜南（1851—1911），号榕轩。张氏兄弟与张振勋关系密切，是 19 世纪末 20 世纪初荷属东印度的著名华侨实业家和地方侨领。张氏兄弟创办了潮汕铁路公司。③ 张鸿南称有意先办殖业银行，"次则倡办大沙头及黄埔各商场，为安集归国华侨之聚点"。④ 可见，张氏这种南洋富商正是广东当局意图吸引的主要投资商人群体。

三　番禺四司绅民的抗争

以卫家炬、凌鹤书等为首的四司绅民则大力反对官府的购地交易。如前所述，大沙头是四司册金局的公产，购买大沙头是以四司"育秀堂"和茭塘司"培英堂"为名，资金是由四司各乡村宗族或个人或机构捐助而来，捐款数额差别极大，少的只有一二分，多的却有一二百两。⑤ 因此，在自称"最伤心卖大沙头公产者"看来，公产未得公允不

---

① 《张督宣布禁赌善后之政见》，《申报》1911 年 3 月 30 日，第 1 张后幅第 2 版。
② 《募集地方公债筹设殖业及储蓄银行案》，《华字日报》（香港）1911 年 3 月 22、23、24 日；《张督宣布禁赌善后之政见》，《申报》1911 年 3 月 30 日，第 1 张后幅第 2 版。
③ 温广益主编《广东籍华侨名人传》，广东人民出版社，1988，第 68—76 页。
④ 《各界欢迎张鸿南纪盛》，《华字日报》（香港）1911 年 8 月 31 日。
⑤ 《番禺四司大沙头公产示》，第 2—86 页。

得私卖于人。他们将大沙头公产类比于祖祠公尝、公司生意，其文曰：

今试执乡人面问曰，尔祖祠公尝，可不俟众允而私卖于人乎？必应之曰不可。无他，官绘之公尝红契具在也。又试执商人而问曰，尔公司生意，可不待众议而擅顶于人乎？必应之曰不可。无他，官注之公司清册具在也。果其红契不恤，清册不理，而敢于私卖公尝，擅顶公司者，此其人必为乡之豪，商之蠹。恃其交通官气，鱼肉同人。而官之初误饮羊，继迫骑虎，遂相与串合牢固不可解。虽然，事无两可。前日之官是，则今日之官非，民何适从？治命之理长，则乱命之理短。况酿资之众，存案之久，石碑公立，铁券官颁，比之一纸红契，一折清册，有过之无不及。如我番邑之四司公产大沙头者哉，其中官绅串卖之怪象，笔难尽述，公愤所关，后当有作者。彼魑魅魍魉，断难逃于天地之间。①

宣统元年（1909）底，番禺四司绅民多次设堂聚义抗阻变卖大沙头公产。广东当局抓获了钟以庸、朱受贞、黄作根到案。未被抓获的苏星南、凌鹤书、陈乾初，举人卫家炬，耆老李穗田等人又在东沙基设公义堂聚议。当局再次派人查封公义堂房屋，但屡禁不止。②

阻卖者并非反对开辟商场，而是主张筹款自筑，"如谓兴筑其利较丰，则我四司属岂竟无力举办，奚必让与他人？前经集众公议，主自行集款兴筑者，实居多数"。他们自称"业主自筑大沙头围者"，抄录《番禺册金案》，编印成《番禺四司大沙头公产示》发行。其引文曰：

溯查城东大沙头围，为我番邑四司属千余乡育秀、培英两堂捐

---

① 《番禺四司大沙头公产示》，第 1 页。
② 《甚知官威可畏也》，《华字日报》（香港）1910 年 3 月 10 日；《不肯变卖公产被押不释》，《华字日报》（香港）1910 年 11 月 4 日。

集册金巨款置买之公产。于光绪七年禀官存案，当经前袁邑侯给示
泐碑，垂诸久远。数十年来，历安无异。讵前年突有倡说卖与别人
兴筑之议，自撤藩篱，开门揖盗，不审是何居心。如谓兴筑其利较
丰，则我四司属岂竟无力举办，奚必让与他人？前经集众公议，主
自行集款兴筑者，实居多数。而主变卖者又从中掯阻多方挑剔，务
使兴筑无成，以遂其变卖之计。噫！异矣！孰知其利所在者，竟贪
经手签书之钱，故不惜名誉而悍然为之，利令智昏，洵不诬矣。窃
思伊始倡办捐集册金前人之意，原为培植后进所设，故有育秀、培
英等堂名。亦以各族皆有子侄读书，将来科名鼎盛，联翩蔚起，未
始不为桑梓宗族之光。不料今日破坏公产者，不在工商力田之人，
而□在簪缨缙绅之列。入词馆者有其人，登甲榜者有其人，领乡荐
者有其人，功名愈显，则贪心愈炽，手段愈辣，必欲弃此公产而后
快心。噫！此尤异之又异矣。且不思彼等之通籍，亦多半由此培植
而来，饮水思源之谓何？忘本之此，实不能为若辈解。孔子云，是
可忍也，孰不可忍也。特缀数行，以述梗概，并遍告我四司属同
人。共慨叹焉。是为引。①

　　在引文中，"业主自筑大沙头围者"直斥卢维庆等士绅贪墨公产，
"不料今日破坏公产者，不在工商力田之人，而□在簪缨缙绅之列。入
词馆者有其人，登甲榜者有其人，领乡荐者有其人，功名愈显，则贪心
愈炽，手段愈辣，必欲弃此公产而后快心"。在《番禺四司大沙头公产
示》的最后一页更是将 51 个签名主卖者的姓名罗列出来，案曰："语
云人藏其心不可测，度人心不同，各如其面，然则识面知心不可不仰慕
姓名也。"② 务必要使其私卖公产的行为公告于世。
　　与此同时，广东当局资金不足，无法兴筑大沙头开埠工程。该工程

---

① 《番禺四司大沙头公产示》，第 2 页。
② 《番禺四司大沙头公产示》，第 87—88 页。

预计需费三十余万元，广东劝业道多方筹措，只筹得善后局挪借新市局款十万余元，其余款项无着。① 一时间讼牒纷纷，"希图商办者，则以官家中变失信为词，反对官买者，则以绅士串同洋商耸听"。② 当时的报载，官商争筑又引发北京农工商部对大沙头的兴趣。宣统二年，自称"港商"的邵辑卿"借公愤、华侨等名义"向北京农工商部呈请，将大沙头商场改为商办。10 月底，农工商部派候补参议魏震、司员外郎关文彬等人到大沙头会勘。③ 卫家炬等四司绅民和卢维庆等士绅纷纷递交呈词。卫家炬等一再强调"绅民资赎自筑"，而卢维庆等强调册金局绅对大沙头的主权。与卢氏关系密切的省城大绅也出面支持卢氏。邓华熙以"广东地方自治研究社"之名上呈，称该地"属册金局公产，主权属之正绅，内地商民且不得干涉，何有华侨?"谘议局议长易学清称"近日风气嚣张，事涉竞争，非假托华侨，即借词公愤，据之事实则大谬。不然若不稍加整饬，将无可办之事"。④ 但魏震的查勘结果大出广东官商所料，竟是"拟改官筑为部筑"，并拟"派江苏劝业道李哲浚，以参议候补，来粤督办"。消息传出，粤籍京官李家驹、谭学衡等联名向农工商部力争，特别要求不得由外省官员办理，且须将"此项营业所得之余利，仍全数提归广东地方，创办实业，以符原案"。⑤ 在舆论压力下，农工商部又提出"由部会同地方官办理"。两广总督张鸣岐则称该案"不过二三好事之辈，假公营私，其实并无可争之理由，原无所谓官与商争"，婉辞拒绝了农工商部的提议。⑥

　　宣统三年，大沙头奏定由粤省地方自行筹办，"惟其余利拨归地方

---

① 《开筑大沙头之无款》，《华字日报》（香港）1910 年 6 月 11 日。

② 《请拨大沙头兴筑经费》，《华字日报》（香港）1910 年 8 月 1 日。

③ 《咨行派员来粤查勘大沙头案折片》，《华字日报》（香港）1910 年 10 月 20 日；《魏震会勘大沙头情形》，《华字日报》（香港）1910 年 11 月 1 日。

④ 《大沙头案须候部决》，《华字日报》（香港）1910 年 10 月 31 日；《建筑大沙头新埠无商办之望矣》，《华字日报》（香港）1911 年 1 月 3 日。

⑤ 《关于大沙头开埠余利案之要电》，《华字日报》（香港）1910 年 12 月 30 日。

⑥ 《建筑大沙头新埠无商办之望矣》，《华字日报》（香港）1911 年 1 月 3 日。

绅董，以兴办广东实业"。① 然而，四司绅民不愿放弃大沙头产权。宣统三年十二月初三日，两广总督张鸣岐乘船抵粤时，李穗田等率番禺四司绅商耆老千余人，雇船百十艘湾泊在八旗会馆前，每人手持书写着"四司公产乞恩赎回"字样的灯笼，等候拦舆递禀。② 其明确的反对态度也吓退了其他投资商。3 月，张鸣岐以大沙头官办延缓，拟招商承筑，并保证"官任保护"。③ 但是没有商人回应。于是，大沙头仍由劝业道批租给佃户郭同济等人继续耕种，每年缴租银三千七百七十二两。④

在政权更迭之际，官商争筑大沙头再次上演。1912 年 1 月 22 日，卫家炬等召集四司绅商七百余人在番禺学宫集议，议决收回大沙头自筑自办。⑤ 25 日，四司团体邀请政学等各界，在东堤东园公开谈判。据《华字日报》，副都督陈炯明当场答允，将大沙头公产交回四司管业。⑥ 随后，广东警察部却称"都督于议政厅宣言，并无允将大沙头归四司收回之事"，并声明"此地实为军政府所有"。⑦ 番禺四司代表陈言刍等试图通过司法途径夺回产权，但被高等审判厅批斥驳回。⑧ 同时，广东军政府拟借款兴筑大沙头。⑨ 但舆论并未能平，番禺四司代表香港侨商车茂轩等屡次电称"官绅串卖大沙坦地，誓不承认"，旅美侨商周祖仁等也"愤激，乞电止筑"。⑩ 但在此后所有官方记载中，大沙头都被视

---

① 《大沙头案余利准兴实业》，《华字日报》（香港）1911 年 1 月 11 日。
② 《番绅拦舆禀赎公产》，《华字日报》（香港）1911 年 1 月 6 日。
③ 《大沙头招商承办》，《华字日报》（香港）1911 年 3 月 28 日。
④ 《大沙头围仍旧批租》，《华字日报》（香港）1911 年 6 月 5 日。
⑤ 《番禺人争筑大沙头》，《华字日报》（香港）1912 年 1 月 22 日；《番禺四司团体会集议》，《华字日报》（香港）1912 年 1 月 23 日。
⑥ 《大沙头物归原主》，《华字日报》（香港）1912 年 1 月 27 日。
⑦ 《大沙头实为军政府所有》，《华字日报》（香港）1912 年 2 月 1 日。
⑧ 《重提私卖大沙头案》，《华字日报》（香港）1913 年 4 月 3 日。
⑨ 《借款兴筑大沙头》，《华字日报》（香港）1913 年 4 月 30 日。
⑩ 《大沙头案仍咨民政长办理》，《华字日报》（香港）1913 年 10 月 20 日。

为"官产",即前清官府遗留下的不动产和土地。[①]

结　语

大体上看,清末围绕着大沙头的各种利益纷争是珠三角地区土地开发的缩影。光绪六年(1880)番禺四司册金局购置大沙头所引出的潘氏与高氏的"一田两主"案,是珠三角地区常见的沙田开发纠纷。通过投献公产,潘氏获得番禺四司士绅的支持,成为大沙头围田的最大获益者。潘氏不仅获得了卖地的产价,而且据民国时期的记载,潘氏在大沙头仍有八十余亩的私产。这一时期,士绅购产的行为获得了官方的大力支持,番禺县县令在"一田两主"案中做出了有利于四司册金局的判决。其中,茭塘与沙湾两司的士绅大族从中起了关键性的作用。

番禺四司册金局购置土地的资金是由四司属各乡宗族题捐集资而来,直接致使宣统元年(1909)广东当局与番禺四司绅民在大沙头开埠上的争端。首先,在振兴商务的背景下,大沙头的土地性质发生明显的改变。它不再被视为一片围田,而是城市的居住用地。广东当局将之规划为"华侨归栖之所",以吸引更多归侨来粤投资。其次,广东当局的角色也发生了明显的变化,不再是居中的裁决者,而是积极的购地置产、测量规划的土地开发者。从填筑长堤到购置大沙头开埠,广东官府的谋利举动日益明显。再次,在这场争执中可以明显看到士绅群体内部的分裂。签字主卖的卢维庆等士绅均与外贸、华侨事务有着千丝万缕的关联,又与省城大绅邓华熙等关系密切,强调"册金局公产主权属之正绅"。而出面领导抗阻卖地的卫家炬、凌鹤书等人是社会地位稍低的

[①]　广东军政府称前清官府遗留下的各种文武官局署及其群房、田地、围塘等不动产和土地为"公产",龙济光主粤后改称"官产"。见拙著《从省城到城市:近代广州土地产权与城市空间变迁》,第155—161页。

绅商耆老，力主"自行集款兴筑"。最后，大沙头的公产性质使得其产权模糊，曾经捐资的人都可以自称对该地"有权"。因而，以卢维庆为首的番禺四司册金局士绅签名卖地后，遭到卫家炬等四司绅民的坚决反对。所谓的"香港侨商""旅美侨商"或许只是曾经捐资的四司属各乡的宗族成员，但他们的抗议却是可以通过司法途径、公开通电等方式制造舆论，成为阻碍广东当局在大沙头开埠的重要原因。土地产权不清往往是制约城市发展的重要因素，而这也正是近代广州城市发展进程中屡屡遭遇的困境。

晚清外人游历四川制度考析

蒋晅正*

摘　要　晚清外人到四川游历的人数逐渐增多，如何应对此类外人成为四川各级政府不得不面对的新议题。根据清政府的规定，四川从实施护照和挨站护送制度着手。入川前的护照申领、游历途中的呈验以及事后缴销等程序，不仅确保了游历外人的合法身份，避免非法游历，而且对游历外人也有一定的限制作用。外人取得在川境合法游历资格后，川省则以挨站护送的方式，通过知会下站、差役接替等环节，把保护游历外人的权责具体落实到外人所经州县，以此确保游历外人的生命财产安全。护照和挨站护送制度，不仅符合当时中外游历的规范，而且对游历外人既有限制又有保护，从而实现了对外人游历四川的有效管理。

关键词　外人游历　护照　知会下站　挨站护送

第二次鸦片战争后，中英签订《天津条约》，外国人被允许前往中国内地游历、通商、传教，并由此引发了一系列外交交涉。如何有效地应对外人到内地游历，成为清政府不得不面对的新问题。清政府为此制定完善了相关政策，形成了一些准制度性规定。[①] 目前，学界对晚清外

---

*　蒋晅正，中山大学历史学系（珠海）博士研究生。

① 准制度性规定，一方面指朝廷上谕，上谕通常具有政策性的指导作用；另一方面，条约、章程、成案所展现出来的内容更为具体，也成为准制度性规范。官员在处理这类事件时通常会援引参考，清末将这些成案汇编成书，"游历"成为其中的专门条目，如徐宗亮等编《通商约章类纂》在"礼类"下有"游历"条，蔡乃煌编纂的《约章分类辑要》（1900）设有专门的"游历类"，北洋洋务局纂辑的《约章成案汇览》（1905）、《光绪三十一至三十三年交涉要览》中也有"游历门"。

人内地游历的研究，多从宏观角度阐释清政府内地游历政策的内容，对具体地区制度运作实际状况的讨论则略显不足。①

四川地处西南，相比中国其他地区，外国势力进入较晚，但其特殊的地理位置②以及存在的潜在商业、资源、传教价值，在晚清吸引着越来越多的外人入川游历。四川当局主要通过护照和挨站护送这两项制度，对入川游历外人进行稽查管束和保护。本文拟利用相关历史文献，对川省护照和挨站护送制度及其实施诸环节进行考察，描述晚清政府中央和地方应对外人内地游历的实际状态，③ 进而揭示晚清各地对待游历外人的基本政策取向。

一　外人来川游历护照的申领

护照是游历外人在中国合法游历的依据，其实施以条约与国际法为依据。④ 护照的签发不仅因申领地的不同有差异，而且各国之间也有差

---

① 对清政府外人游历内地政策的研究，参见柴松霞《晚清政府关于外国人内地游历政策的特点与评价》，《大庆师范学院学报》2007 年第 6 期；刘甲良《晚清来华外国人的内地游历政策考述》，《白城师范学院学报》2015 年第 7 期；刘甲良《晚清外国人赴内地游历获允》，《故宫学刊》2015 年第 3 期；付超《晚清对赴华内地游历外人的管理述论》，《荆楚学刊》2020 年第 5 期；谭皓《近代中国对日本人来华游历的因应与管理——以日本人违约游历新疆的"橘案"为切入点》，《敦煌学辑刊》2022 年第 4 期。

② 四川是进入西藏的前沿，外人若欲进藏，基本会预先入川。此外，从四川进入云南昆明、大理、腾越，再由云南进入缅甸八莫、印度的加尔各答也是外人经常走的一条路线。

③ 刘琴对清末四川外人出入境政策进行了探析，但没有对四川地方官员如何管理、应对游历外人进行论述，参见刘琴《清末四川洋人出入境政策管理探析》，《名家名作》2023 年第 1 期。苟德仪对川东道台在稽查外国人行踪、护送洋人游历传教、发给西人游历传单等方面发挥的作用以及具体流程进行了论述，参见苟德仪《川东道台与地方政治》，中华书局，2011，第 386—391 页。

④ 条约依据主要为中英《天津条约》第九款规定，"英国人准听持照前往内地各处游历、通商"，参见王铁崖编《中外旧约章汇编》第 1 册，生活·读书·新知三联书店，1957，第 663 页。光绪年间译介的《星轺指掌》规定："发给执照，原为途中任便往来，各处文武职官保护之用。当升平无事之时，凡人领有执照、安分守法者，既准其各处任便游历，则使臣前来，更当毫无阻碍。"参见〔德〕查尔斯·马顿斯《星轺指掌》，联芳等译，中国政法大学出版社，2006，第 35 页。

异，美国驻华公使田贝就称："关于签发护照，各国通行的制度不同。按照我们的制度，只能由公使签发。"①

外人若想进入四川游历，首先一步就是申领护照，以保证自己游历的合法性。② 根据条约规定，护照的签发包含发给与盖印两个程序，两者互为一体，但分属不同的机构。中英《天津条约》（1858）规定："执照由领事官发给，由地方官盖印。"中法《天津条约》（1858）规定，法国人欲至内地，"务必与本国钦差大臣或领事等官预领中、法合写盖印执照，其执照上仍应有中华地方官钤印以为凭"。③ 直到同治二年（1863）护照申领的程序才有较为明确的规定，总理衙门给各省的咨文称："各国商民请照入内地游历，在京者向由该国驻京公使函请总署给照，盖用顺天府印信。在通商各口者由领事官备具执照，送由关道盖印。"④ 可以看到，因申领地不同，护照的发给与盖印机构并不相同，但大致遵循外国官员发照，中国地方官员盖印的原则。⑤ 盖印则遵循"齐君盖月"的文书格式。⑥ 后人在谈及此制度时指出，"发照之权，专属之领事官，签照之权，专属之地方官"。⑦

来川外人在申请游历护照时也基本遵循同样的程序规定。《四川教

---

① 《附件 2·田贝致总理衙门照会》（1897 年 7 月 12 日于北京），中国第一历史档案馆、福建师范大学历史系编《清末教案》第 5 册，中华书局，2000，第 505 页。

② 已有学者对护照制度或政策进行了研究，如柴松霞《略论晚清政府关于来华外国人内地游历的执照制度》，《时代法学》2007 年第 4 期；柴松霞《晚清时期外人游历护照交涉始末》，《中北大学学报》2011 年第 4 期；杨大春《晚清政府关于外国传教士护照政策概述》，《历史档案》2004 年第 2 期。

③ 中英《天津条约》、中法《天津条约》，分别参见王铁崖编《中外旧约章汇编》第 1 册，第 97、106 页。

④ 《总署咨发出游历通商执照汇案报销文》（同治二年），颜世清辑《约章成案汇览》，《续修四库全书》，上海古籍出版社，2002，第 876 册，第 295 页。

⑤ 此与《星轺指掌》"发给护照一事，亦归使臣执掌"的规定一致，参见〔德〕查尔斯·马顿斯《星轺指掌》，第 79 页。

⑥ 所谓"齐君盖月"，就是关防在皇帝年号下切齐，并盖合住书写的月份，参见张敦智、曾启雄《网路流传清代护照古文书真实性论证》，《设计研究》2008 年第 8 期。

⑦ 柴云礽：《论述：外国人游历内地之起灭问题》，《宪兵杂志》第 3 卷第 3 期，1935 年，第 15—19 页。

案与义和拳档案》记载了三位来川传教士的护照，分别为法国人白德理、加额罗和英国人木廉臣，其发给机构分别为"大法钦差驻扎中国总理本国事务全权大臣布"、"钦加布政使衔、湖北汉黄德道、监督江汉关税务、兼办通商事宜加十级李"和"大英钦命驻扎汉口管理本国通商事务领事官啊"，其中木廉臣的护照由"大清钦命监督湖北江汉关黄德道加印"。① 可见，只有加额罗护照由关道发给这一点与规定略有不同。1861 年，英国人托马斯·布莱基斯顿（Thomas W. Blakiston）入川游历，其提供的护照由英国驻上海领事发给，② 1894 年莫理循（George Ernest Morrison）入川游历，其护照由英国钦命驻扎汉口管理本国通商事务领事官霍发给，由清朝钦命监督湖北江汉关汉黄德道加印。③ 随着清政府驻外国公使馆的设立，驻外公使对来华游历外人也有签发护照之权。1896 年英国旅行家伊莎贝拉·伯德（Isabella Lucy Bird）来川游历，其护照"系光绪十九年出使薛大臣所给"。④ 光绪三十二年（1906），外务部致电锡良称："驻英汪使文称，英人罗伯德·海恩取道八募，赴滇黔蜀游历，业经给照。"⑤

在具体申领流程上，若在口岸，一般由领事将护照寄交关道盖印，然后关道将盖印的护照发还领事，领事再寄送给申请人，还需收取一定的手续费。托马斯·布莱基斯顿在上海英国领事处请领的护照就需签发费一元。⑥ 来川担任教习的中野孤山在汉口则委托日本驻汉口领事水野

① 四川省档案馆编《四川教案与义和拳档案》，四川人民出版社，1985，第 24—26 页。
② 〔英〕托马斯·布莱基斯顿：《江行五月》，马剑、孙琳译，中国地图出版社，2013，第 309 页。
③ 〔澳〕莫理循：《一个澳大利亚人在中国》，窦坤译，学林出版社，2020，第 7 页。
④ 《请饬各洋人勿轻入川省边境地并遵照缴照》（光绪二十二年七月六日），广西师范大学出版社编印《中美往来照会集（1846—1931）》第 8 册，2006，第 165 页。原文中称为毕失溥氏，即伊莎贝拉·伯德。
⑤ 《锡良收外务部来电》（光绪三十二年四月二十五日），虞和平主编《近代史所藏清代名人稿本抄本》第 3 辑第 23 册，大象出版社，2017，第 633 页。"薛大臣"和"驻英汪使"分别为清政府驻英公使薛福成和汪大燮。
⑥ 〔英〕托马斯·布莱基斯顿：《江行五月》，第 309 页。

幸吉帮忙申领护照并寄回，需手续费一元。① 当护照遗失时，按规定，游历之人应"再与领事等官复领一件，听凭中国官员护送近口领事官收管"。② 光绪六年，曾有美国医士玛高温（Daniel Jerome Macgowan）无照游历川省一事，后查系护照遗失。美国公使认为"若必须于该处守候禀请就近领事官补给，则必有格外耽延……即由该处地方官补行发给"，但清政府以慎重保护为由，还是坚持"应由该游历之人向就近中国官员据实报明，该官员即为知照就近领事官补发护照，送由该地方官盖印发给"。③ 可见，护照遗失后仍遵循同样的申领程序。同年法国传教士梁乐益护照遗失，法国驻汉口领事称应由本国钦宪发给梁乐益护照，但拟先由该领事发给，并送护照一纸给汉黄德道盖印，汉黄德道在收到护照后加盖监督关防后送还。④

此外，游历外人入川通常会在多地申请不同的护照，各护照的效用也不尽相同。1867 年，英国人库珀（T. T. Cooper）准备来川游历，在旅途中就"几次换取当地通关文书"，英国驻京参赞威妥玛（Thomas Francis Wade）在上海曾建议其"不要在上海获取领事通关文书，因为这会引起当地官员的阻挠，可以在九江获取一个"。库珀听从其建议，到达九江后"获得通关文书上岸"。到达汉口后，有人建议库珀"应该从湖广总督那里获得一张通关文书……不久，一张两英尺见方的中国文件就到了"。到达成都后，库珀又获取了四川总督发给的通关文书。⑤ 1882 年，重庆领事谢立山（Alexander Hosie）准备从重庆出发前往贵州和云南旅行，不仅"从四川总督那里拿到了通行证，还从重庆当局得

---

① 〔日〕中野孤山：《横跨中国大陆——游蜀杂俎》，郭举昆译，中华书局，2007，第 34 页。
② 中法《天津条约》，王铁崖编《中外旧章汇编》第 1 册，第 106 页。
③ 徐宗亮等编《通商约章类纂》，沈云龙主编《近代中国史料丛刊续编》第 47 辑，台北：文海出版社，1977，第 2067—2069 页。
④ 《查明法教士梁乐益等赴川情形并补给护照由》，台北："中研院"近史所档案馆藏，馆藏号：01-12-135-02-038。
⑤ 此处所说通关文书应指护照。〔英〕T. T. 库珀：《拓商先锋中国行》，魏孝稷、高照晶译，中国文史出版社，2019，第 10、14—15、131 页。

到了适用于旅行将穿越地域范围的特别通行证"。① 伊莎贝拉·伯德来
川游历也携带了两本护照，其一就是上文所提驻英公使薛福成所发，此
外还有"在汉口签发的普通领事护照"。② 20 世纪初，中野孤山在来川
旅程中也领取了多本护照。其首先"在驻华日本公使馆领到护照"，又
从"我国政府处领了一个旅行护照"；在汉口滞留期间听从日本驻汉口
领事水野幸吉的建议，领有道台护照；在峡江起点平善坝被拦住去路
时，"再次来到宜昌办理护照"。难怪其称"护照有公使护照、道台护
照、海关护照等多种，并且作用各异，使用起来非常麻烦"。③

虽然清政府有必须请领护照的规定，但外人有时并不严格遵循。如
光绪四年，英国传教士金甫仁、义士敦由武昌赶船抵渝就未领执照。④
光绪五年春季，俄国商人莫雅各持无号数护照由湖北巴东县来川游历，
贵州桐梓县司铎魏增德无照到綦江县，地方官仍将其送往下站州县。光
绪七年，法国传教士加额罗也持无号数护照来川传教。⑤ 在光绪三十一
年夏季四川洋务局呈报的传教游历清册中，共有 14 起游历，其中竟有
8 起全无护照，⑥ 可见无照入川游历人数应不少。此外也会有数人合领
一照的情况，光绪七年冬，即有法国传教士五人"持无号数总照一纸"

---

① 〔英〕谢立山:《华西三年：三入四川、贵州与云南行记》，韩华译，中华书局，2019，第
　　11 页。
② 〔英〕伊莎贝拉·伯德:《长江流域旅行记：1896 年英国女旅行家在长江流域及四川西北
　　部汶川、理县、马尔康梭磨旅行游记》，红音等编译，四川民族出版社，2010，第 189
　　页。下文该书简称《长江流域旅行记》。
③ 参见〔日〕中野孤山《横岭中国大陆——游蜀杂俎》，第 33—34 页。
④ 《巴县报告英国教士未领执照游历红白禀》（光绪四年十一月），《四川教案与义和拳档
　　案》，第 30 页。
⑤ 《总署收成都将军恒训文附清册》（光绪五年六月初二日）、《总署收四川总督丁宝桢文附
　　清册》（光绪七年十一月二十九日），"中研院"近代史研究所编印《教务教案档》第 4
　　辑第 2 册，1976，第 757—758、868 页。
⑥ 《附件一·四川洋务局造呈光绪三十一年夏季法人来川传教游历姓名日期清册》（光绪三
　　十一年十月）、《附件二·四川洋务局造呈光绪三十一年夏季外国人来川游历姓名日期清
　　册》（光绪三十一年十月），郭慧编选《晚清欧洲人在华游历史料》，《历史档案》2002
　　年第 4 期。

来川传教。①

二　游历护照的呈验与缴销

当外人申领护照在内地游历时，地方官则需查验其护照，防止外人在内地非法游历，也为稽查外人行踪。故此，总理衙门表示"地方官稽查之责，以查验护照为要"。② 该规定可追溯至中英《天津条约》，其第九款规定"经过地方，如饬交出执照，应可随时呈验，无讹放行"。③ 咸丰十一年（1861），总理衙门再次强调"沿途经过之地方，必须验明印照，方准放行。如无钤印执照，地方官即应按照条约严行阻止。其往各省传教之人亦应一律办理。如无领事官及地方官盖印执照，均不准该国人等任意游行盘踞"。④ 此外，护照也是清地方官为游历外人提供保护的依据，清政府即把护照定性为"护本身之件"。⑤ 外人同样指出，护照"系欲地方官妥为照料而设，想本国商民恐无照难得保护"。⑥ 东亚同文书院日本学生在入川考察时更是称其为"比生命还宝贵的护照"。⑦

查验护照最首要的是查验游历外人有无携带护照，无照则要照约究办，一般为送交就近领事官惩办。中英《天津条约》规定："如其无

---

① 《总署收成都将军岐元册》（光绪八年五月初三日），《教务教案档》第 4 辑第 2 册，第879 页。

② 《法教士艾儒略到川回渝年月照抄清折咨复由》（光绪六年三月四日），台北："中研院"近史所档案馆藏，馆藏号：01-12-135-02-011。

③ 中英《天津条约》，王铁崖编《中外旧约章汇编》第 1 册，第 97 页。

④ 《总署咨议定申明游历传教查验印照并无约各国不准给照文》（咸丰十一年），颜世清辑《约章成案汇览》，《续修四库全书》第 876 册，第 291 页。

⑤ 《总署咨议定申明游历传教查验印照并无约各国不准给照文》（咸丰十一年），颜世清辑《约章成案汇览》，《续修四库全书》第 876 册，第 291 页。

⑥ 《总署咨遗失游历执照由就近领事补给文》（光绪六年），颜世清辑《约章成案汇览》，《续修四库全书》第 876 册，第 294 页。

⑦ 〔日〕沪友会编《上海东亚同文书院大旅行记录》，杨华等译，商务印书馆，2000，第49 页。

照，其中或有讹误，以及有不法情事，就近送交领事官惩办。"① 中德《通商条约》（1861）也规定"护送其人至近口领事官收管"。② 甚至还有对无照游历外人罚款的规定，中德《续修条约》（1880）规定，除将无照游历之人解交附近领事官管束外，"仍应议罚，惟所罚之数不得过三百两"。③ 中野孤山在川游历时也记载："据说，如果没有道台护照，进入内地一旦出事，就会被罚银三百两，并会被所辖的领事遣送原地。"④ 同时，查验护照也为辨别护照真伪，避免有人用假护照行坑蒙拐骗之事。⑤ 在查验中，地方官需格外注意护照有无印信，因为只有盖印的护照才有效力，即"执照以验明地方官有无盖印为要"。⑥ 与此同时，地方官也会对护照上的人名进行查验，如光绪二十八年（1902），甘肃新疆巡抚在查看法教士雷钟和、王德美护照时，发现与外务部所告知的不符，最后查明是法国外务部将名字写错。⑦

自此规定后，川省地方官开始对游历外人查验护照，但有时该规定并不能很好地执行。四川洋务局曾指出，"洋人过境，有遵照通饬抄呈护照者，有不抄呈护照者"。⑧ 法国传教士艾儒略在川传教时称将护照送地方官查验时，地方官"均未验及，反行掷地，任意辱慢（谩），是

---

① 中英《天津条约》，王铁崖编《中外旧约章汇编》第 1 册，第 97 页。

② 中德《通商条约》，王铁崖编《中外旧约章汇编》第 1 册，第 165 页。

③ 中德《续修条约》，王铁崖编《中外旧约章汇编》第 1 册，第 374 页。

④ 〔日〕中野孤山：《横跨中国大陆——游蜀杂俎》，第 34 页。

⑤ 20 世纪初，东亚同文书院的日本学生到施南府考察时欲拜访知县不成，原因是"上一年有人伪造护照，强索钱财，知县吃了大亏再也不敢尝试了"，参见《上海东亚同文书院大旅行记录》，第 63 页。

⑥ 《总署咨议定申明游历传教查验印照并无约各国不准给照文》（咸丰十一年），颜世清辑《约章成案汇览》，《续修四库全书》第 876 册，第 292 页。

⑦ 《甘肃新疆巡抚饶应祺为查明法教士雷济华等入境遵饬保护等事致外务部咨呈》（光绪二十八年正月十五日）、《附件·法人雷钟和等报称法外务部写错其姓名事单》，郭慧编选《晚清欧洲人在华游历史料》，《历史档案》2002 年第 4 期，第 67 页。

⑧ 《咨送英法洋人赴川游历传教清册由》（光绪五年闰三月二十二日），台北："中研院"近史所档案馆藏，馆藏号：01-12-135-01-009。

以不敢送验"。① 而此种情况随着川省造具传教游历清册有所转变。光绪四年十月，川省认为逐起随时专案咨报总署未免烦琐，遂规定自本年十月起按季咨报，"每起是何姓名，一行几人，于何月日到川，护照是何号数，分别国名，挨顺月日造具传教游历清册"。② 游历外人甚至称川省地方官"会派兵役，责成旅店保甲人等严密稽查"。③ 由此，来川游历外人的具体信息只能通过地方官查验护照才可获知，此也增强了四川地方官查验护照的力度，"洋人持照游历，向章由地方官验照护送，禀报每有遗漏。迨光绪四年，奉到验明护照抄呈备案，通饬办理，始昭周密"。④ 光绪十七年，巴塘粮务王家容发现有洋人白义思来盐井，但护照全无，遂将情况告知川督刘秉璋，川督将情况告知总署，总署告知白义思领有护照，要求将所执护照人名、号数查明是否相符。⑤ 在锡良川督任内，曾有"美国布朗克礼四人无照，经护送出境"的案例。⑥ 随着来川传教士的增多，其难免在四川境内游历传教，川省当局规定对外国传教士的护照也要进行查验。光绪七年，四川洋务局即指出"如系真正洋人，即行照章验照，护送禀报"。⑦

游历外人需在哪些地方呈验护照呢？一般而言，在经过省城或州县时地方官会查验护照。1883 年来四川游历的立德乐（Archibald John

---

① 《法教士艾儒略到川回渝年月照抄清折咨复由》（光绪六年三月四日），台北："中研院"近史所档案馆藏，馆藏号：01-12-135-02-011。

② 《咨送英法洋人赴川游历传教清册由》（光绪五年闰三月二十二日），台北："中研院"近史所档案馆藏，馆藏号：01-12-135-01-009。

③ 《总署收成都将军托克瑞等文》（光绪七年十月十二日），《教务教案档》第 4 辑第 2 册，第 860 页。

④ 《法教士艾儒略到川回渝年月照抄清折咨复由》（光绪六年三月四日），台北："中研院"近史所档案馆藏，馆藏号：01-12-135-02-011。

⑤ 《总署收四川总督刘秉璋文》（光绪十七年五月五日）、《总署行四川总督刘秉璋文》（光绪十七年五月十二日），《教务教案档》第 5 辑第 3 册，第 1501—1503 页。

⑥ 《锡良复外务部电》（光绪三十二年四月二十日），虞和平主编《近代史所藏清代名人稿本抄本》第 3 辑第 23 册，第 623 页。

⑦ 《川人司铎往来腹地应否护送案》（光绪七年），《四川教案与义和拳档案》，第 40—43 页。

Little）在到达巫山后，"在县城向知县呈递护照和中文名片，他发给我一张新通行证"。① 莫理循到达叙州府安边铺，"一个差人就从衙门跑来要我的中文名片，却不要求看我的护照"。② 伊莎贝拉·伯德在游记中也记载"常常要把护照交到衙门"。③ 此外，当途经关卡或军事据点时也会查验护照，护照原件中即有"各属地方官凡遇沿途关津卡隘即行呈验盖戳放行"④ 的记载。库珀在游记中记载从成都西门出来后，"守门官员检查了我的通关文书"；在从汉源到打箭炉的路上经过化林坪时，"瞭望塔上的守卫要求我们出示通关文书"；在到达里塘后，藏人和朝廷官员"要求查看我的通关文书"；到达巴塘后，库珀也曾"送通关文书给他们例行检查"；从巴塘返回里塘大门时，几个士兵"检查我的通关文书"。⑤ 在一些比较重要的关卡，官员会格外重视查验护照。如从宜昌入川，则需在峡江的起点平善坝向海关呈验护照，"大凡逆峡江而上的人都要向这里的海关出示在宜昌申领的护照，而且船只必须接受检查。如果没有护照，就不允许逆峡江而上，中国公使的护照及汉口道台的护照在这里一文不值"。⑥ 东亚同文书院日本学生来川时曾在善坝停船接受海关检查，"我们一行既是学生又是外国人，于是只看了一下护照就通过了"。⑦ 而该情况和从长江经重庆到宜昌需在重庆办理护照的情形相对应，中野孤山在游记中记载，"从四川经峡江下来的人需要在重庆办理护照，抵达平善坝或宜昌后要将护照交给驻当地的英国海

① 〔英〕阿奇博尔德·约翰·利特尔：《扁舟过三峡》，黄立思译，云南人民出版社，2016，第51页。谢应光译版则记载："我向知县递交了我的护照和中文名片，得到一份新的护照。"〔英〕阿奇博尔德·约翰·立德乐：《长江三峡及重庆游记——晚清中国西部的贸易与旅行》，谢应光译，重庆出版社，2018，第68页。

② 〔澳〕莫理循：《一个澳大利亚人在中国》，第70页。

③ 〔英〕伊莎贝拉·伯德：《长江流域旅行记》，第189页。

④ 《法国加额罗传教护照》（同治十年九月十五日），《四川教案与义和拳档案》，第25页。

⑤ 〔英〕T.T.库珀：《拓商先锋中国行》，第135、161、186、196、333页。

⑥ 〔日〕中野孤山：《横跨中国大陆——游蜀杂俎》，第53页。

⑦ 《上海东亚同文书院大旅行记录》，第55页。按，善坝应为平善坝。

关办事处"。①

　　在呈验护照时，有时是游历外人亲自送呈，如上文所述传教士艾儒略的情形，更多的情况则是游历外人委托其他人去办理。库珀到成都后，"让菲利普把我的旧通关文书送到衙门"，随后"一名士兵带着我的通关文书从衙门来了"。② 莫理循到达夔州后，"船老大要我把护照给他，他可以上岸给官府验准"。③ 伊莎贝拉·伯德也记载"到了每个不同的辖区，差人或是士兵在交上通关文牒后都会更换"，在营山县衙门口呈验护照时，"一位穿着华丽绸缎衣服的人走出来，把护照递给我"。④

　　在查验护照原件时，地方官一般需重新盖印，即上文"呈验盖戳放行"之意。托马斯·布莱基斯顿所领护照上面就记载"所有护照都必须交由途经地的中国官府复签"，在到达武汉时湖广总督也"会签了英国驻上海领事颁发给我们的护照"，⑤ 会签、复签应即加用印信之意。此外由于护照较为珍贵，⑥ 有时游历外人并不呈验护照原件，而是由衙役抄写护照，然后将抄写副本呈递给县衙查验，此即所谓"抄呈"。如立德乐到万县后，"衙门的一位文官还上船来把我的厚厚的护照仔细地誊清一份"。⑦ 伊莎贝拉·伯德也记载"在每个辖区都要更换不可或缺的衙门差役，要检查护照并抄写备份"，到达梁山县后，"我们必须更换差役并且把我们的护照抄录一份"，到达路方村子后，"一位官员把我拦了下来，他在一块石头上抄写我的护照"，在汶川县，"衙门的官

---

① 〔日〕中野孤山：《横跨中国大陆——游蜀杂俎》，第 34 页。
② 〔英〕T. T. 库珀：《拓商先锋中国行》，第 127 页。按，菲利普是其随从。
③ 〔澳〕莫理循：《一个澳大利亚人在中国》，第 18 页。
④ 〔英〕伊莎贝拉·伯德：《长江流域旅行记》，第 175、230—231 页。
⑤ 〔英〕托马斯·布莱基斯顿：《江行五月》，第 65、309 页。
⑥ 游历外人有时在携带护照原件外还会携带护照复印件，如莫理循来川游历时所带护照原件并不轻易出示，并且"还复制了 25 张"，参见〔澳〕莫理循《一个澳大利亚人在中国》，第 21、70 页。
⑦ 〔英〕阿奇博尔德·约翰·利特尔：《扁舟过三峡》，第 71 页。

吏正趴在桌子上抄录我的护照"。①

护照限期缴销也是护照制度的重要组成部分。总理衙门曾规定"所有洋商由各关卡请领游历通商各执照，例应事竣后随时缴销……务将一年统共发给游历通商执照若干张，缴销过若干张，有无逾限情事，悉心详查。如有未缴销者，即由该监督向领事官随时催询，勿任日久不销，漫无稽查。嗣后按年将发销各数详细造具清册声覆"，但考虑到各国商民旅居中国久暂无定，遂要求"内地遇有此等逾限之照，如该洋人无作为不法情事，自须通融放行，不可过于胶执，徒滋口实"。② 并且缴销期限各国规定并不相同，"来川游历之护照，有注明限期一年缴销者，有限回日缴销者"。③ 由此可见，护照缴销在实际操作中具有一定的灵活性。光绪六年，四川官方调查法国传教士艾儒略"是否缴销旧照另请新照"，艾儒略称"向有护照，曾送地方官查验，上年回禄销毁"。④ 伊莎贝拉·伯德来川游历，川督即指出其护照"系光绪十九年出使薛大臣所给，距今三年，同行任意更改，姓名莫辨真伪"，因此提出"限期送还缴销"。⑤

三　将游历信息知会下站

外人出入四川境内时，地方官首先要确保获知游历消息，并将该消息知会下站。以法国传教士艾嘉略为例，咸丰十一年（1861），艾嘉略

① 〔英〕伊莎贝拉·伯德：《长江流域旅行记》，第 188、196、322 页。
② 《总署咨发出游历通商执照汇案报销文》（同治二年），颜世清辑《约章成案汇览》，《续修四库全书》第 876 册，第 292—293 页。
③ 《请饬各洋人勿轻入川省边番境地并遵限缴照》（光绪二十二年七月六日），《中美往来照会集（1846—1931）》第 8 册，第 165 页。
④ 《法教士艾儒略到川回渝年月抄清折咨复由》（光绪六年三月四日），台北："中研院"近史所档案馆藏，馆藏号：01-12-135-02-011。
⑤ 《请饬各洋人勿轻入川省边番境地并遵限缴照》（光绪二十二年七月六日），《中美往来照会集（1846—1931）》第 8 册，第 165 页。

由陕入川，陕西巡抚即将该传教士赴川情形"密函知会署理四川督臣崇实一体查照"，① 崇实也称"于上年冬季间接据直隶督臣恒福函称，有英国夷人自称名士艾嘉略，欲来四川传教……续又接据陕西抚臣谭廷襄函称，法国名士艾嘉略已由豫入陕"。② 同治二年（1863），艾嘉略准备离川，四川总督骆秉章"飞咨湖广总督先期派员在宜，一俟该副使到境，接护前进……仍照会宜昌镇遵照"。③ 光绪四年（1878），四川规定必须按季造具外人出入境的清册，即查明"洋人于何月日由邻省行入川境，某洋人于何月日由何州县出川境，送至邻省何州县交替"。④ 这些信息具体由州县查明后向上禀报，即"一县查禀，又必移会上下各站一律禀报"。⑤ 可知对于出入四川境内的外人，一方面总督之间会有消息的传递，另一方面州县在事后也会将信息汇总上报。

当外人在四川境内游历时，川省地方官同样需将游历消息知会下站，并通过正式文移的方式传达。艾嘉略离川时，四川总督骆秉章即"札饬川东道及成都嘉定叙州、重庆夔州泸州忠州等府州转饬经过沿途各州县，妥为照料，会营添派弁兵，一体护送出境"。⑥ 但此方式效率较低，会导致出现知会不及时的情况。光绪二十六年，英人周尼恩准备二月初五日由渝赴成都游历。川东道札饬重庆府，由重庆府转饬巴县，但巴县于二月初八日才奉到札文，此时周尼恩已离渝。不过，川东道同

---

① 《署陕西巡抚谭廷襄奏为密陈法教士艾嘉略来陕及赴川情形片》（咸丰十年十一月二十六日），中国第一历史档案馆、福建师范大学历史系编《清末教案》第 1 册，中华书局，1996，第 190 页。

② 《署四川总督崇实奏陈法教士艾嘉略入川及川省天主教情形片》，《清末教案》第 1 册，第 192 页。

③ 《总署收四川总督骆秉章文》（同治二年八月二十五日），《教务教案档》第 1 辑第 3 册，第 1172 页。

④ 《附·四川洋务局详稿》（光绪七年），《四川教案与义和拳档案》，第 42 页。同时规定，"若外人尚未行出川境，则毋庸造入"，参见《总署收四川总督丁宝桢文》（光绪七年十一月二十九日），《教务教案档》第 4 辑第 2 册，第 868 页。

⑤ 《附·四川洋务局详稿》（光绪七年），《四川教案与义和拳档案》，第 41 页。

⑥ 《总署收四川总督骆秉章文》（同治二年八月二十五日），《教务教案档》第 1 辑第 3 册，第 1172 页。

时也给巴县发了札文，巴县于二月初三日奉到，这才避免重庆府消息传递不及时的情况。① 为了避免上述情况，川省地方官员有时会通过电报知会下站。1905年来川做教习的山川早水在拜访夔州府知府时，"次日方氏又专门打电话通知万县知县说数日内我们一行要通过该县"。②

除正式文移外，护送差人也会承担传递信息的责任。1877年来川游历的英国人威廉·吉尔（William Gill）即把护送听差称为"官方的信使"。③ 立德乐在游历途中记载："护送差人在万县换成了一个派出信使。我的行程情况就由信使对各城市的行政长官传送。"④ 谢立山到马边厅时"被先于我们到达、寻找住处的一名护卫通报过了"。⑤ 有时官府也会派专差传递消息。当威廉·吉尔去川边游历到达河口时，有掌管轮渡的官员护送，"因为之前鲍官员曾派人到此传达关于我们的指示，此刻传话之人也正在回程路上"。⑥ 1903年来川游历的美国人盖洛（William Edgar Geil）从泸州出发时，"还有一个专门为泸州知府传令的人"。⑦

虽有上述规定，但四川当局在传递游历外人信息上仍会存在办理不善的情况。外人入川时，往往"下站已报洋人过境而上站未经具报者，办理参差不齐"。⑧ 光绪六年，英国传教士范明德、苏立道领取护照前往四川等地，"该教士等究系何年月日由何处入川，仍未据入境首站州

---

① 《重庆府札知巴县护送英国大臣周尼恩等自渝赴省垣踏勘铁路卷》（光绪二十六年二月至三月），四川省档案馆藏巴县档案，档案号：清006-032-02976。
② 〔日〕山川早水：《巴蜀旧影：百年前一个日本人的巴蜀行纪》，李密、李春德译，四川人民出版社，2019，第46页。方氏为时任夔州府知府方旭，文中电话似应为电报。
③ 〔英〕威廉·吉尔：《金沙江》，〔英〕亨利·尤里编，曾嵘译，中国地图出版社，2013，第90页。
④ 〔英〕阿奇博尔德·约翰·利特尔：《扁舟过三峡》，第71页。
⑤ 〔英〕谢立山：《华西三年：三人四川、贵州与云南行记》，第142页。
⑥ 〔英〕威廉·吉尔：《金沙江》，第168页。
⑦ 〔美〕威廉·埃德加·盖洛：《扬子江上的美国人：从上海经华中到缅甸的旅行记录》，晏奎、孟凡君、孙继成译，山东画报出版社，2008，第135页。
⑧ 《总署收成都将军恒训等文附清册》（光绪五年闰三月二十二日），《教务教案档》第4辑第2册，第756页。

县禀报到局"，四川洋务局遂让"与领事交界各厅州县查明，飞速补报"，并感叹"各首站地方官于各国洋人出入川境，漫不经心，以致办理掣肘"。① 光绪年间，法国传教士秦奥斯在蒲江县传教数年，蒲江县县令"并不遵章禀报，迨令批示勒限饬查，尤复任意岩延"，成都将军遂要求"嗣后凡遇洋人到境，务须遵章依限禀报备查"。②

当外人在四川境内游历时，州县官有时并不知会下站。光绪七年，法国传教士袁照林在冕宁县投验护照，冕宁县因"未见上站有报，责其必由小路潜行"。③ 光绪三十年八月，法国符子爵在川被抢，建昌道贺元彬就指出"陈丞护送，并不知会下站，亦属异常疏忽"。④ 对于此中原因，固然有官员疏忽职守的方面，但也有客观因素。当游历外人不在所到州县停留，所在地方官员无从获知游历者到来的信息，自然无法知会下站。如伊莎贝拉·伯德在川游历时没在郫县、灌县停留，两县官员在收到总督传来信件时伊莎贝拉·伯德已经离开。⑤ 更多的情况是，外人在内地游历并不愿意告知地方官，此导致地方官无从知会下站，特别是在川居住已久的传教士。光绪七年，成都将军托克瑞就指出四川的司铎教士"每每潜踪来往，地方官无从知悉"。⑥ 光绪九年，四川渠县知县杜瑞征也指出，司铎在省内"往往来去自由，并不报经地方官知道，即先出境"，"其来踪去迹，既不先向地方告知，又不呈验护照。每于已经出境之后，始行查悉……禀报护送，几成虚文"。⑦ 面对这种

---

① 《附·四川洋务局详稿》，《四川教案与义和拳档案》，第 42—43 页。
② 《总署收成都将军岐元等文》（光绪九年五月十三日），《教务教案档》第 4 辑第 2 册，第 923 页。
③ 《总署收成都将军托克瑞等文》（光绪七年十月十二日），《教务教案档》第 4 辑第 2 册，第 860 页。
④ 《锡良收建昌道贺道元彬来电》（光绪三十年八月十日），虞和平主编《近代史所藏清代名人稿本抄本》第 3 辑第 36 册，第 174 页。
⑤ 〔英〕伊莎贝拉·伯德：《长江流域旅行记》，第 316 页。
⑥ 《总署收成都将军托克瑞等文》（光绪七年十月十二日），《教务教案档》第 4 辑第 2 册，第 862 页。
⑦ 《附·四川洋务局详稿》，《四川教案与义和拳档案》，第 44—45 页。

情况，州县只能派差役来打听消息，立德乐在川游历到达涪州后，"还有两名派来迎接我的听差。他们询问了一些必要的情况后返回"。[1]

四　挨站护送制度的实施

当外人得以合法进入川省游历时，如何切实保障游历外人的生命财产安全成为重中之重。对此四川当局会通过选派差役护送来保障游历外人的安全，[2] 威尔逊即指出"派护卫是四川的惯例"，[3] 并且遵循挨站护送原则。所谓挨站护送，就是"务令先赴文武地方官及公所报明往何处所，选派兵役随从。若往下站，先由上站州县备文移会下站州县，派人接替护送"，[4] 四川洋务局也指出"诚恐沿途不能相安，是以此县送至彼县交替，取下站印收，方准回销，以昭慎重，而免疏虞"。[5]

当外人进入川省，川省一般会在固定地点派差役接替，出省亦然。上文提及的川省造具的传教游历清册即展现出差役接替的实态。若外人从湖北入川，一般由巴东县送至巫山县接替；若由陕入川会从宁羌州入境，则广元县接替。由贵州入川有多条路线，桐梓入境由綦江接替，仁怀厅入境由泸州接替，毕节入境由永宁县接替。若由川赴别省，川省也会安排差役护送。去湖北由巫山送至巴东交替，去云南由宜宾送至大关厅或左却巡检衙门交替，去贵州由綦江送至贵州桐梓县，或由合江送至

① 〔英〕阿奇博尔德·约翰·利特尔：《扁舟过三峡》，第 78 页。
② 巴县档案中保留了巴县护送洋人后的登记册，通常称为"洋务稿簿"或"文件稿登记簿"，参见苟德仪《川东道台与地方政治》，第 359—360 页。
③ 〔英〕E. H. 威尔逊：《中国乃世界花园之母》，包志毅等译，中国青年出版社，2017，第 152 页。
④ 《北洋大臣李咨洋人游历须先报明地方官以便保护文》（光绪二十七年），颜世清辑《约章成案汇览》，《续修四库全书》第 876 册，第 299 页。
⑤ 《附·四川洋务局详稿》，《四川教案与义和拳档案》，第 46 页。

仁怀厅交替。① 同治二年（1863），教士艾嘉略准备离川，曾主动要求川省派差役护送，四川总督骆秉章"委督标右营千总马鸣皋随带兵丁四名妥为护送该副使至湖北宜昌镇，俟接替有人，再行回川销差"。② 外人来川游历记录对此也有相关记载。护送托马斯·布莱基斯顿的川省差役到达宜昌后，"在宜昌向我们辞行……取而代之的是宜昌知府派遣的一名穆斯林武将，他将陪同我们到汉口"。③ 莫理循计划从叙州府到昭通府，"叙府的知府派了差人或叫衙役（即警察）保护我到大关县"。④ 盖洛记载叙州兵勇将其护送到大关厅后，"卫兵们在东城门就扔下我回去了"。⑤ 当外人在川省境内游历时，川省当局同样遵循挨站护送原则，并且一般以县为程站，每到一县会有新的差役接替。1872 年德国人李希霍芬（Ferdinand von Richthofen）来到成都，"在成都府开始便有一支四人小队护送我，每到一个县便换一拨人"，护卫队"每到一个县换一批人"。⑥ 立德乐到达云阳后，"等待着新的差人护送我们到下一个县份——万县"，在万县、忠州也分别换了差役。⑦ 山川早水也指出"这种士兵在沿途各县换班"，到达梁山后"万县的士兵返回，梁山的士兵来接替"，到达大竹县"去拜访知县曹钟彝……并交换了士兵"，从大竹到达渠县也有"交换士兵"。⑧

在挨站护送的过程中，最重要的就是差役通过相关护送文书完成接

---

① 笔者能够查阅到的有光绪四年冬、光绪五年春冬、光绪六年春夏秋冬、光绪七年夏秋冬、光绪十一年春、光绪三十一年夏秋，分布在《教务教案档》第 4 辑第 2 册、第 7 辑第 2 册。其中光绪十八年冬、光绪二十年夏有目无文，不列入统计。

② 《总署收四川总督骆秉章文》（同治二年八月二十五日），《教务教案档》第 1 辑第 3 册，第 1171—1172 页。

③ 〔英〕托马斯·布莱基斯顿：《江行五月》，第 283 页。

④ 〔澳〕莫理循：《一个澳大利亚人在中国》，第 69 页。按，大关县应为大关厅。

⑤ 〔美〕威廉·埃德加·盖洛：《扬子江上的美国人：从上海经华中到缅甸的旅行记录》，第 163 页。

⑥ 〔德〕蒂森选编《李希霍芬中国旅行日记》第 2 册，李岩、王彦会译，商务印书馆，2016，第 675、680 页。

⑦ 〔英〕阿奇博尔德·约翰·利特尔：《扁舟过三峡》，第 63、71 页。

⑧ 〔日〕山川早水：《巴蜀旧影：百年前一个日本人的巴蜀行纪》，第 50—54 页。

替。首先，出发州县发给差役"护票"。苟德仪在《川东道台与地方政治》一书中提供了护票实例，从中可看到护票的功能是让下站州县检查护送差勇有无短少顶替情况。① 李希霍芬在游记中专门强调到成都后县里派来的衙役"有文书作证"，② 该文书应即指护票性质的文书。威尔逊也指出，"官员会给护送队一封信函，上面写着派遣人数和目的地，可以查验信函防止被骗……信函是由派遣护送队的官员签发的"，③ 此信函里装的应该也是护票类文书。这类文书具有相当大的效力，如果丢失，下站州县可拒绝提供差役护送。李希霍芬在川游历时，"成都县衙曾发了一封公开信，让护卫交给我们，此信就如同是对护卫队的命令"，但因这封信丢失，雅安县衙拒绝为其更换护卫。④ 这类护送文书一般装在信封里，由游历外人或护送差役携带保管，上文威尔逊的记载已可概见。立德乐也指出，"每个浅棕色的大信封内装着内容为护送我的信件，上面写着所派两名信使的全名"。⑤ 盖洛从泸州出发后记载了泸州官衙发给的"保票"，"差役头目用一个非常大的官方信封带来了一张'保票'。这种保票是由各处官府签发的"，"装文件的信封有十四英寸长，外面写着'装函一封，相机呈缴'"。⑥ 伊莎贝拉·伯德也记载差役"手上拿着的县令的信函是象征权利（力）的官方文书"。⑦

　　其次，当差役将外人护送至下站州县时，下站州县会开具"照销"文书，交由上站差役带回。从照销上"沿途并无事故，除派差役接护外，合行填给回销"的记载，可知照销是证明上站差役顺利完成护送

① 护票原件参见苟德仪《川东道台与地方政治》，第 391 页。
② 〔德〕蒂森选编《李希霍芬中国旅行日记》第 2 册，第 667 页。
③ 〔英〕E. H. 威尔逊：《中国乃世界花园之母》，第 152 页。
④ 〔德〕蒂森选编《李希霍芬中国旅行日记》第 2 册，第 675 页。
⑤ 〔英〕阿奇博尔德·约翰·利特尔：《扁舟过三峡》，第 71 页。
⑥ 保票内容翻译文见〔美〕威廉·埃德加·盖洛《扬子江上的美国人：从上海经华中到缅甸的旅行记录》，第 136 页。
⑦ 〔英〕伊莎贝拉·伯德：《长江流域旅行记》，第 209、287 页。

任务的凭证。① 除照销外，下站州县也会给上站差役"给役回销"（有时也称"回销"）、"照票"等票据。巴县衙门档案即存有这方面文书，现各举一例进行说明。如江北理民府给巴县的"给役回销"，其记载文字为"江北理民府为给发印收事。本年五月十六日准贵县移派差役张椿等护送大日本国人富田皆春到城，沿途并无事故，除派妥役接护外，合行填给回销"。重庆府江津县给巴县的"照票"，其记载文字为"重庆府江津县正堂蔡为收管事。本年五月二十一日，准贵县差役敖贵、张春护送大日本国竹川藤太郎到县，准此相应出具印照，给役赍回备查"。② 可见两者性质和"照销"类似，这类票据最终需由上站差役赍回，以此来证明护送任务顺利完成。光绪四年（1878），英国传教士金甫仁、义士敦从巴县前往合州游历，即经巴县"备文派差护送合州交替，掣有回销备查"。③ 光绪二十九年，巴约翰牧师在石柱厅欲往鄨都县游历，石柱厅厅丞即"备文选派妥差于初十日护送起程，十一日抵鄨都城内，取有印收回销"。④ 威尔逊在其游记中也记载："到达目的地后将护送队遣返时，需要他们将一张卡片带回给上级……带回的卡片表明他们的任务已经顺利完成。如果他们返回时没有这张卡片，那么无论出于什么原因，他们都将受到处罚。"⑤

虽然官府规定由差役挨站护送游历外人，以免疏虞，但在实施过程中仍会存在各种问题。有的游历外人并不愿地方官护送，试图私自游历。光绪七年，法国传教士袁照林向本国驻汉口领事叙说在川因差役护送导致的种种不便，领事即顺势提出"勿令行动投验，安站递送，以

---

① "照销"原件格式参见苟德仪《川东道台与地方政治》，第 388 页。
② 《巴县接护日本国商人教士领事等过境游历回销照票》（光绪三十年四月至光绪三十三年二月），四川省档案馆藏巴县档案，档案号：清 006-032-02966。
③ 《巴县报告英国教士未领执照游历红白禀》（光绪四年十一月），《四川教案与义和拳档案》，第 30 页。
④ 《锡良收石柱厅董崇本禀现有福音堂传教情形由并批文》（光绪二十九年十一月初三日），虞和平主编《近代史所藏清代名人稿本抄本》第 3 辑第 77 册，第 632 页。
⑤ 〔英〕E. H. 威尔逊：《中国乃世界花园之母》，第 152 页。

免地方官繁琐，教士亦免拘束"，但成都将军托克瑞指出此举是"既望中国之保卫，又不愿地方官之护送。设有疏虞，咎将谁归"，断然拒绝。① 光绪九年，渠县知县抱怨司铎不经报地方官私自出境，导致"迨地方官访闻，派差丁役赶送已来不及，必须赶至数站以外，始行迨及。邻封州县每以司铎先过不给收管，必待查有下落始补印收，禀报多逾定限"，并指出"更有一种司铎，不愿兵役护送，沿途多方刁难。即如近日通江兵役护送，迄今未回。又卑县司铎梅雅，前次赴渝游历，护送出境，今则不待前途移送，先期回县，前途兵役均系随后赶到"。面对"洋人既出不愿，地方官亦大为难"的情况，四川当局量为变通，提出若驻川司铎不愿地方官派人护送，则可向地方官报呈内声明"人地熟悉不愿兵役护送"，但总理衙门最终以地方官保护游历外人条约载有明文加以否定。②

此外，差役在护送时并不总是亲力亲为，有时会找人顶替。伊莎贝拉·伯德在旅程中就遇到文件被护送差役卖掉而被乞丐顶替的情况，"原来离开某辖区时被派出来担任护卫的差役不见了，而换成了两个衣衫更糟的乞丐在我身边，原来是差役把那份值钱的官方文件卖给他们了！这样，这些差役就让自己免受行途之苦。有时候，这些冒名顶替的乞丐在我的轿子前面大摇大摆地在街上走着，手上晃着那份官方文件"。到达渠县后，伊莎贝拉·伯德发现这些护送差人"其实是一群乞丐，几经转手，得到了护卫我的权利"。③ 立德乐在川游历中遇到了类似情形，指出护送差役"常常取了两个人的报酬，然后花三分之一雇用一个乞丐替他做这件事，其余的钱就装进自己的腰包。这种把工作转

---

① 《总署收成都将军托克瑞等文》（光绪七年十月十二日），《教务教案档》第 4 辑第 2 册，第 860—862 页。
② 《在省传教士来往行踪难定是否查验保护文》（光绪九年），《四川教案与义和拳档案》，第 44—47 页。
③ 〔英〕伊莎贝拉·伯德：《长江流域旅行记》，第 189、217 页。

包给别人的做法在整个中国非常普遍"。① 虽有官方文书是差役护送制度顺利运行的保障，但实际情况是护送差役并不完全按规定行事。

结　语

晚清来川游历的外人逐渐增多，对地方官员来说，这些带着条约赋予权利的洋人"是新出现的棘手问题"，② 稍有疏忽即可能引发外交交涉。因此，如何有效管理并保护游历外人成为清廷和地方各级政府不得不面对的重要问题。

清政府通过游历护照制度对其进行管控，将护照视为外人内地合法游历和获得保护的凭证，以此来规范和限制外人入境。③ 同时，护照制度运行的诸多环节也体现出限制之意。在申请环节，地方官可以根据游历外人的身份、目的地决定是否盖印，而来川游历外人有时需申领多本护照，更增加了护照使用的复杂性。而外人领取护照入川后，又需在州县、关卡隘口等地呈验护照，如果没有护照、护照信息不准确，或者没有盖印，则会受到惩处。此外，护照的效用也有一定期限，到期则需缴销，否则会被视为违规。可见护照制度使外人内地游历受到多种限制。④

---

① 〔英〕阿奇博尔德·约翰·立德乐：《长江三峡及重庆游记——晚清中国西部的贸易与旅行》，第 94 页。
② 〔英〕伊莎贝拉·伯德：《长江流域旅行记》，第 228 页。
③ 桂良在上奏时就称护照主要为稽核作用，"既有执照，即好查验"，"由中国地方官查明盖印，以便随处呈验，既有稽考，可免夷匪混迹……今有执照，转能稽核"，《桂良等奏对外不可战者五端英法要求可从权允准折》《桂良等奏税则日内议定英人坚执入江折》，贾桢等编《筹办夷务始末·咸丰朝》第 3 册，中华书局，1979，第 983、1203 页。但咸丰对桂良所说护照所起的稽查作用并不以为然，朱批称"即使处处稽查，于事何补"，针对该折的廷寄也称"其游历内地，恃执照为稽查，焉能周遍，系属最下之策"，朱批和廷寄内容参见贾桢等编《筹办夷务始末·咸丰朝》第 3 册，第 1203、1205 页。
④ 对外人内地游历的其他规定，如无约之国不得入内地游历、洋人赴内地应请领路照不得夹带私货、游历执照不得泛填十八省字样同样体现出限制之意，具体内容参见颜世清辑《约章成案汇览》乙篇中的卷三三下《游历门》，《续修四库全书》第 876 册。

当游历外人得以合法进入川省境内游历时，四川地方各级政府除查验护照外，另一举措就是派遣士兵挨站护送游历外人。所谓挨站护送，就是护送差役按照程站（通常为州县）接替护送，到达下一站时，上站差役会通过相关文书证明自己护送任务的完成，同时本站官府会重新派出差役护送，并将游历外人消息知会下站。如此周而往复，将护送责任具体落实到外人所经州县，不仅可以有效保护游历外人，地方官也可借此侦查外人游历情况，即总理衙门所指出的"名为派人护送，实则暗寓防闲。在彼虽行踪难定，而在我须布置有方"。[①] 四川当局通过这两项制度的实施，虽不能完全限制外人的非法游历，但毕竟对外人来川游历有所规范和制约，而且避免了游历外人与民众的过多直接接触，在一定程度上保障了外人的生命财产安全，从而实现对外人游历四川的有效管理。

---

① 《成都将军四川总督札》（光绪九年九月十三日），《四川教案与义和拳档案》，第47页。

“思·路” 专栏

宗族的历史[*]

科大卫　贺　喜

整理人：李知真　张若莲[**]

走出象牙塔：在"新界"学习当村民

科大卫：我是 30 多岁的时候，因为机缘巧合，开始去研究香港"新界"的历史。我们读书的年代，材料都是从书本里面来的，那个时候能利用的碑记都不多。我后来就把在"新界"找到的碑记都抄了下来，并且整理出版。

当时没有经验和方法可以参考，很容易弄错，只能在错误中学习。例如，我看到村民拜神，然后问他们信不信神。村民无从回应。我的好朋友劳格文随口指出了我错在哪里。他说信不信是一个很基督教的概念，而中国人的宗教观念不在乎信不信，而在乎神灵不灵。华德英当时在香港中文大学任教，我第一年下田野很多时候是跟她一起去的。她帮我纠正了很多问题。有一次，华德英看见了我的英文笔记。（我习惯写英文，因为写得比中文快。）她问我，为什么人家烧的香，你把它翻译

*　本文据中山大学历史人类学研究中心与香港中文大学-中山大学历史人类学研究中心联合主办的历史人类学高端学术讲坛（2023年6月16日）报告整理。

**　科大卫，香港中文大学历史系教授；贺喜，香港中文大学历史系副教授；李知真，中山大学历史学系博士研究生；张若莲，中山大学历史学系硕士研究生。

成 joss stick? 我说不是这样翻译的吗? 她说你以为 joss 是什么意思,joss 大概就是讲"神"那个字的变形,所以把这个英文单词翻译成中文,基本上就是"拜神小棍子"。

我一想这是贬义词啊,把这个东西叫作 joss stick,是批评村民做迷信活动,但是我以前从来没有意识到这个词代表迷信。后来我但凡写到香都用中性的 incense 代替。我们去田野,会有很多盲点。很多时候我们不知道,原来文字背后蕴含着我们的生活态度和道德观念,用了某个词其实是用了某一类的概念。它就是一个"礼仪标签"。不只村民受"礼仪标签"的影响,学者也一样受"礼仪标签"的影响。

我开始写《皇帝和祖宗:华南的国家与宗族》(以下简称《皇帝和祖宗》)的时候,已经在"新界"做了七年的研究,也写了一本书,对乡村开始有了一点概念。已经知道跑到乡村里面想了解当地的组织,你千万不要问"你们是怎么组织的"这种问题。村民不理解你问的问题。最简单的进入田野的办法就是看礼仪。所以头一句话就问:你们去哪里烧香?后来很多人以此取笑我们是"进村找庙"。我认为没有不妥。我的回应就是,村里面的庙就好像档案馆,你去过庙就知道那些碑记都是嵌在墙上面的,公开展示在庙里。所以你进了村子当然去找庙,干吗不找庙?

接下来,你可以问谁来拜那个庙。当然你是想知道谁不来拜,谁不能来拜。这个就是社会区分的潜规则,有些人可以做这件事情,有些人没有机会参与。有些地方女的不能去拜,男的才可以。你一会问贺喜老师,我们一起跑田野,她就经历过这种事情。我可以留在那里,但是她进来,就被当地朋友说你是女的,你不能进来。

所以问的第一件事是去哪里拜神,第二件事是谁来拜,再后来你就可以慢慢打听一下,谁为什么不来;谁不能来,然后怎么样拜;做仪式的钱哪里来;为了拜神要做什么组织;等等。所以一聊下去就有社会整合和分歧的概念。有整合就有分歧:例如,我们都知道乡村里有族谱,但是我们以前常常弄错，以为族谱的作用只是把乡村中不同的人整合起来。这样说只是对了一半，是不是所有人都登记在族谱里面？千万不要以为族谱是一个人口记录，族谱只是一个会员记录，说明谁可以参与，也同时表达了谁不可以参与。用族谱计算人口是错误的。我开始去做《皇帝和祖宗》的时候，大概已经意识到这一类的概念。

进入佛山：明代的大礼议与家庙

科大卫：我开始写《皇帝和祖宗》时，已经写完了我研究"新界"的书，思考下一本书该写什么。当时想到了两个办法，其中一个是既然我已经考察了"新界"大概三分之一的地方，尽可以再用七年看另外三分之一，说不定二十多年就能把整个"新界"都看完。我不喜欢这个想法。因为当你已经用了七年面对一个问题，再写下去，大概也没有新的思路，只是换个地点，讲同一个故事。你要想到新的问题，你要有新的冲击，就要去看新的地方。所以我就想，原来看到的是农村，不如到一个有点工业发展的地方去看。因此就想到了广东素以陶、铁业闻名的佛山。但是生活有很多你不会想到的地方，做研究也一样。我没有研究佛山的工业，却找到了珠江三角洲宗族传统的源头。

佛山是中国明清时期的四大镇之一。佛山的核心就是灵应祠，是座北帝庙。但是你去看佛山的地方志，头一篇就说我们不是一个镇，是一个忠义乡；名气大，不是因为搞工业，是因为我们读书人有成就。读书人生活在宗族之内，不同宗族联盟维护灵应祠，也同时维持地方上的其他建设，例如义仓。我在"新界"对宗族的制度有了研究兴趣，也知道"新界"的宗族是明朝的时候开始创建的。但是我没想到，整个珠江三角洲的宗族中存在的几种制度——族谱、祠堂和祖尝，最早在佛山结合了起来。

佛山的一个大姓是霍，佛山附近的石头村是其中一支。在石头村，可以看到明嘉靖年间礼部尚书霍韬的祠堂，在霍韬写的文献中，更可以找到一张这个建筑在明朝时的平面图。霍韬标这个图为"合爨之图"，合爨就是我们一起吃饭的意思。

宋朝以来，就有"义门"的概念，义门的家庭就是没有分家的。不分家的象征就是一家人一起吃饭。所以可以得知霍韬把他的祠堂的图标为"合爨之图"的用意。我们学者容易把合爨的概念搞错。人家说一起吃饭，我们就马上想到这个家庭每一顿饭都是一起吃的，其实你看霍韬的意思是，每年拜祖先那天一起吃一顿就算是合爨了，另外 364 天是在各自家中吃的。合爨的地点就是大祠堂。

你也不要轻信图上所载的所有信息。你看他写着："妇省舅姑，由此街进。""女街，男止此。"所以他的意思是合爨的地方是男女分开的。家庭里面男女分得很清楚，这是不符合生活经验的。但重要的不是他写的这些规矩，而是他画的祠堂的位置：大祠堂在中间，旁边都是小房子、门和天井。所以你看到的这个祠堂就建在村子里面，祠堂旁边都是住房。

我们以前的祠堂是建在坟墓旁边。把祠堂建到村子里面去，就是宗族制度的一个大转变。

明朝的法律制度里，"庙"跟"祠"不是一回事。庙是具有很特别的地位的建筑物。皇帝可以有庙，皇帝可以把庙赐给你，但是你如果私自建庙是违法的，所以庙是有非常严格的等级的。长期以来我们普通人是不可能在家里建庙的，但可以在家里面建一个祠堂，在里面放神位拜祖先。

霍韬在石头村公开建造了"家庙"。这是明朝有明文规定的建筑物，前面是四根柱子，柱子前面有台阶，三进。家庙可不是随便建的。但是嘉靖年间，1524 年前后，霍韬在他的老家建了一个家庙，背后有什么原因？我就是从跑到佛山的时候才开始思考这些问题的。

我是不懂明史的。原来本科读的是历史，研究生念的是社会学。最开始研究的是 19 世纪的历史。有一天在香港大学图书馆，我随手翻阅架子上的书。恰好看到金安平先生有关湛若水的博士论文。我把她的论文拿出来翻了一页，里面有几个名字——张璁、桂萼、霍韬、方献夫，他们几个人在处理一个叫作"大礼议"的事情。我那个时候根本不知道"大礼议"是怎么一回事。当时看了这篇文章就感觉很奇怪，这里提到的五个朝廷高官怎么会有三个人我都认识？那个时候我都没听过张璁，但我知道方献夫他家是在南海西樵山。我当年去西樵山，刚好博物馆找到方献夫的坟墓，我还拍了墓碑。后来温春来先生主持的岭南文化研究院要开会，我还把我田野时拍的照片都拿去做参考。

由此我开始关注"大礼议"，去找这段历史。我发现"大礼议"是霍韬把家庙建到村子里面的关键。"大礼议"的发生，就是因为嘉靖皇帝不认上一个皇帝之父做他父亲，坚持要建另外一个太庙出来给他的亲生父亲。朝廷官员求皇帝不要这样干，嘉靖皇帝把他们都打了板子。结果刚才提到的那五个官员出来支持嘉靖皇帝，这五个人都升官发财了。

后来我去了这五个人的家，包括桂萼、张璁家。张璁老家，就是厦门大学张侃先生的老家，我去看后，感觉非常有意思。之后我就明白了，这五个人就是因为支持皇帝说孝顺比正统更重要，所以回家就讲孝顺。在家建这样一座家庙，是为了表示他们对嘉靖皇帝的支持。

原来我们都以为经济发展改变社会，所以都为宗族的出现找经济背景，也没想到它其实是起源于一个政治活动。开始做研究的时候，哪里能想到这个思考的角度，这些人听都没听过。我认为对于我们年轻的朋友，尤其是刚开始做研究的朋友来说，研究很考验运气，但是呢，当你碰到机会，你需要知道如何去把握，也需要调整研究的思路。我到了这一步就开始把那些概念合在一起，写了这一篇文章，讲宗族是怎么来的，为什么宗族是一个发明。我到这里已经开始明白，原来宗族是一套语言，按照这套语言，什么时候出来的就讲什么话。这一类问题，开始出现了。

旧书店的收获：祠堂祭祀的演变

以前香港还有些旧书店，现在没了，买不到有价值的书了。在 80 年代，我每周都有机会去不同的旧书店，有时候可以买到好东西。有一次，我碰到《逢简南乡刘追远堂族谱》，是手抄本。我从这个族谱中了解了很多事。

逢简是今佛山顺德的一个村子，它的历史从宋朝开始。族谱从开头讲了头五代的祖先。原来他们家的神主牌位都是看五代的，这个五代的神主牌位，一直变到后来用家庙的模式来拜祖先。其中一个记录，洪武十四年，他们是民籍。到洪武十七年，他们将义孙刘三奴全垛充广州左卫左所军，这就有点矛盾。他们既然是民籍，为什么还要把儿子送去当兵？所以他们其实不是民籍，他们买了一个养子承担当兵的义务，希望脱离军籍。这一套办法也不是很成功，大概顶当军籍的人没多久就跑了。后来还是要交钱来补他跑掉的缺，所以他们要弄一块地，用生产出来的粮食补军籍的份。族谱的故事，需要放回原来的环境与制度中才可以明白。

另一个例子，族谱提到，以前也有个祠堂，是某某祖先建的叫作"影堂"。这句话很有意思，为什么呢？首先，祠堂的名字不会叫作"影堂"。他们写这一段话的时候，家里已经有了祠堂，但是回忆到以前有个地方叫作"影堂"——放祖先像的地方。所以他们以前是在祖先像前面祭祖。后来建了祠堂，改成在神主牌位前面拜。起初拜五代的五个祖先，后来是画个图，再后来不止拜五代，开始用神主牌位。神主牌位有一个好处，多一个祖先可以加一个牌位。用神主牌位可以把很多代的人都放进祠堂去。我们家当然还有祖先坟墓，也有族谱。

结缘珠三角：礼仪专家与地方政治

科大卫：我多讲一点，然后我请一位嘉宾补充。我们那个年代跑的地方不止一个，但是我是在香港工作，我真的可以来珠江三角洲活动的时间不多，很多时候也去广东省图书馆，因为那里藏了很多族谱。我一定要这样说，广东省图书馆的人对我非常好，让我读了很多广东的族谱。因为其他朋友也去看族谱，读族谱的同时会见到刘志伟、郑振满等等。你们现在非常幸运，上网就可以轻松查找到几千种族谱。但在我们那个时候，要找到族谱非常困难，很多族谱根本无法找到。

读族谱读得很快乐，但是时间投入图书馆，就没有时间做其他安排了。我跑田野的时间非常有限，但很幸运，得到了几位朋友的帮助。当时，萧凤霞和刘志伟一起去了沙湾，有时候我们也会一起去新会。此外，罗一星当时在研究佛山，他对我的启发非常大，我们两人对芦苞镇产生了兴趣，后来他发表了几篇文章。在珠江三角洲跑田野与我在"新界"做的研究不同，因为在"新界"我真的在一个有 200 多个村庄的区域，几乎每个村庄都跑过。当时一提起村名我就知道村民姓什么。因为我跑了很多年，村民也都认识我。

但是我在珠江三角洲的时候，很多知识是从朋友身上学到的。他们有感兴趣的地方，很慷慨地让我也知道。举例的话，可以用我们在崖门的经验把礼仪与财产联系起来（从略）。我想请刘志伟教授补充一下。刘老师可以提供很多补充，因为我们当年有很多共同的经验，一起观察同样的事情，一起交流，从而得出了一些共同的想法。

刘志伟：科老师刚才的讲述实际上是关于他从 70 年代开始在"新界"的研究，然后再到珠江三角洲的研究。这是一个有着一套逻辑的过程，科老师认为他所讲的内容是我们几个老人一起回顾过去的简化版本，对于年轻人来说可能一下子跟不上。我在这里不必再重复讲述，但有几点需要强调。首先是我们要走进乡村。当科老师在"新界"进行研究时，我们还素不相识，也没有进行这样的实地考察，但后来他带我进行了多次考察，特别是在我们做研究的地方。我记得是在 1985 年到 1988 年，我们进行了考察，然后他进入珠江三角洲，经过了佛山、三水芦苞，还有顺德。他看到了许多乡村的变化，发现了明朝历史里面有非常重要影响的事件——"大礼议"，与他认识的三个历史人物有关。这不是运气和偶然，而是他清楚地看到了这一点，他能够立刻想到，在朝廷上发生的变化会对我们地方产生怎样的影响。因此，他去了佛山，看到了祖庙，以及霍韬家设立的祠堂，等等。

实际上，我认为科老师很重要的一个观点是，宗族是一种文化创造。这个观点可能是一个重要的转折点，科老师向我们解释了如何看待宗族。现在，我们经常认为宗族是基于做生意、慈善、亲缘关系的结合。但科老师看到的宗族，首先是一些人为了谋取经济和政治利益而形成的。他们使用讲孝道、拜祖先的方式来实现自己的目标。科老师刚才提到的这些历史事件非常重要，主要涉及明代广东的历史，包括霍韬、方献夫，以及后来的陈白沙，这些人谋取利益和政治地位，采取的方式就是改变祭祖的方式。在过去，祭祖是在家中、坟墓旁或者设立影堂对着祖宗的画像进行祭拜。但后来，他们开始立起神主牌位，而且祭拜的代数越来越多。陈白沙的例子尤为重要。

我们现在前往崖门参观那个宋元海战的历史遗迹的话，可以看到现存的慈元殿，我记得它位于中间或后方，后面还有一座高楼可以俯瞰海景。从那里可以看到陈白沙帮助赵家的情景。伍家由于在当地较早形成势力，地位最为显赫。当赵家开始开发沙田地区时，他们必须与伍家抗衡，并争夺利益，这时他们寻求陈白沙的帮助，并通过提高皇帝母亲地位的方式夺取了胜利。这个故事向我们展示了地方历史的演变、地方制度和地方社会的发展。这些被我们称为宗族的事物，其实反映的是一种宏大的国家历史和一个实实在在的、充满了利益、充满了本地的各种各样的利益争夺和文化意识的过程。

科老师对我们来说非常重要。我们相识于 20 世纪七八十年代，一直到 90 年代，我们在珠江三角洲进行考察。我们走过的路看似简单，科老师称之为"运气"，然而，这种"运气"构建了一套理论，实际上是很多学者一起讨论、争议、和其他地区进行比较的结果。我们非常期待这套理论"再出发"。我想大家在这个时候如果要再出发的话，需要知道科老师当年带着我们几个人走过来的历程。听了科老师的讲述，我对此感慨良多，感动多于学术上的启发。

祠堂之背后：族谱与虚构的宗族

科大卫：我有许多幸运的经历，其中一个就是有一群朋友与我一起进行研究。我一直坚信，学问不是一个人埋头多少年的努力所能创造出来的。我相信，要想出问题，需要有一群志同道合的人，最好还能够一起喝啤酒，然后胡乱猜测。在这样的互动中，我们会产生许多新的问题，这才是真正能够激发思考的情境。坐在那里孤立地思考是无法产生新的思路和问题的。我非常幸运，拥有这样一群朋友，并且多年来我们一直保持着这种对话的习惯。

我刚才所讲的其实只是书的内容的一部分，另一部分是关于在"大礼议"之后，祠堂如何进一步发展到家庙的，再从明初到清中期家庙的扩散，以至太平军后，因为政制的变化，宗族在国家制度（不是乡下）中逐渐边缘化。这些事情我已经写在《皇帝和祖宗》里了。然而，我写完这部分后，还有很多问题要追溯。可以这样说：我相信一个完整的故事，需要有开头有结尾。从"新界"我知道了村族联盟怎样建构地方社会，从佛山我知道了"大礼议"与家庙对建构宗族的影响，但是，宗族的历史还缺两个部分。读弗里德曼我们知道，他所讨论的华南宗族有三个部分：祠堂、族谱、祖尝（田产）。《皇帝和祖宗》只是解析了祠堂。下一章是族谱，这个题目需要贺喜教授讨论。

　　贺喜：每次我回到永芳堂来做讲座，我都感到诚惶诚恐，因为这里是我的老家。我不敢说今天做的是一个像科老师这样重要的报告，我只能说我要向大家汇报一下这几年的工作，也算是对科老师刚刚讲的故事做一个注。科老师刚刚向我们讲述了他对宗族发展的思考，他思考的核心之处在于将宗族祠堂作为乡村社区（community）的核心，并将其与财产控制和国家理论联系起来。在座的许多同学和我一样，都有同样的心情，即老师已经取得了这一成就，我们应该如何继续前进呢？尤其是我们作为学生，如何超越老师？这个问题是非常可怕的，我不敢说老师当然永远不可能超越，但是我想到的就是有什么问题我们可以多问一点。

　　刚刚，科老师向我们展示了宗族的两个要素——祠堂、财产，还有一个非常重要的是族谱。我对族谱的发明非常感兴趣。今天我们去了很多地方做田野，尤其是中国南方，"进村找庙"，但我们实际上也去找祠堂，还去拍摄族谱。我们看到了很多体量庞大的族谱，尤其是在我的家乡江西吉安，他们经常拿出 40 本或 50 本这样一大册的族谱，我们对此已经习以为常了。在珠江三角洲，科老师也给我们展示了刘氏家族的那套族谱，有很多卷册。但实际上，这里面存在一个非常有趣的现象，那就是我们的乡村是否一直都有这样一套大型的记录历史的文献呢？

墓志与行状的单线族谱

　　贺喜：实际上，很明显，如果说宗族是一种文化创造，作为这种文化创造的一部分，我们今天看到的这些文献也经历了一个发明和创造的过程。我们是如何发明出在今天的乡村中依然能够找到的这样一套庞大的文献的呢？这实际上是我的问题的来源。然而有趣的是，当我们谈到宗族时，许多朋友会提到这是汉唐以来就一直存在的制度。我们一直都有谱，我们常常说"国有史，方有志，家有谱"，我们一直有这样的一套叙述。但问题是，这个谱是什么样的形制呢？我们知道，在早期，我们经常会看到墓志这一类文献。墓志也是一种谱，其中包含了很多内容，比如逝者的父亲是谁，曾祖父是谁，儿子是谁，等等。

实际上，在我们早期谈到谱的概念时，很多时候我们是在谈论这样单篇的墓志或者行状，并非我们今天看到的树状架构的多线谱。而且，墓志和行状，更多是有名的人才可以拥有，都是一篇篇独立存在的文献。如果仔细去连缀起来，会发现墓志和行状反映的其实是一种口传的传统。比如今天我们去乡村拜访一个老太太，你问她家里有什么人，她大概也可以告诉你这样的信息。但大部分情况下，墓志和行状反映的谱系只能追溯到一条线，最多追溯到两条线。所以我们必须非常谨慎，当我们讨论谱系时，究竟在讨论一个多大规模的谱系。这是我非常感兴趣的一个问题。只有当我们构建出一个大的、适用于所有人的框架时，才能呈现明代那种与地方社会相契合的宗族形态。

我们再往前追溯，需要追溯到宋代。如果我们做一些实验，比如追溯江西著名的宰相刘沆。曾巩为他的家族写了一篇行状，按照曾巩的方式来追溯，大概可以追溯到刘沆的曾祖父刘景洪、刘沆、刘沆的儿子以及刘沆的兄弟，大致就是这样一个框架。过了几十年，周必大又为刘沆的曾孙刘守柔写了一篇行状，将两篇合并在一起，我们可以勾勒出一个大致的框架。但刘氏已经是非常有名的家族了，这个框架在当时已经是非常高级了，但这个框架并不是今天普通人都能追溯到的树状框架。至于当时的普通人，则连名字都没有。

名字的社会传统

贺喜：大家要知道，我们普通人开始拥有很文雅的名字的历史可能只有 1000 年，在 1000 年前，我们并不像今天这样有一个固定的名字。

最近我在海南岛黎族山区做研究，当地保留的习俗给了我很大的启发。有些乡村黎人的名字是不固定的，如果一个人的母亲去世了，他们会称呼他为"某克妈"；几年后，如果父亲也去世了，全村人会聚在一起，称呼他为"某去爹"；再过几年，如果儿子不幸也去世了，他们会称呼他为"某失儿"。因此，每次改变名字实际上是为了社会的重整和处理新的社会关系。他们不仅没有我们这一类的名字，甚至对自己的确切年龄也不太清楚。因此，我们必须明白，在更为漫长的历史时期，很可能我们都是在这样的环境下生活的。

宋代谈及岭南的风俗，"相呼不以行第，唯以各人所生男女小名呼其父母"，比如"韦超，男名首，即呼韦超作'父首'"。所以，我们不是本来就拥有我们今日熟悉的这类名字。我们再多看一些这类情况，在我自己的老家吉安。南宋末年刘辰翁说，他们已经不知道家族前面十世百世是什么样子了，即使是读书人"不失业而迁者有几？推而上之，其无名，若字如阿大、第五者，岂其少哉"。也就是说，人们普遍名唤刘阿大、刘第五。大家如果不相信，再来看这份民国时期的族谱，它包含元代的材料，记录了名叫刘八、刘四、刘狗二等等的一群人住在一起。我们原本都是这样的籍籍无名者，那怎么会变成了刚才科老师所说的佛山忠义乡那样的社会呢？

原来，很多东西都是要一步一步发明出来的，包括名字、兄弟排行的界定，有了这些发明才能进一步修谱。搞清楚谁是兄、谁是弟，以及如何把这么多人安放在一个架构里面，原来是很困难的。如今，我们已经对这一套办法过于熟悉，以至于无法想象在没有这套办法的时候，我们的世界会是何种模样。

多线族谱的产生：表格的发明与数据库

贺喜：宋代的知识分子开始做这些事情。当我们有了行第之后，怎样扩大我们的统计规模？这些年来，我读了许多家谱，浏览了许多名字。我将这些名字变成了一个 database（数据库）的元素，重新整合，并且构想着这些名字构成了一个怎样的世界。王炎午是宋元之际的名人，在他家的族谱中，他的父亲是"第行九五"，而他的曾祖父在那一代为"第行十六"。看到这里你就会明白，我们在宋代建立了一些更大规模、可以连接在一起的家庭单位。

但是"第行"也存在问题。大家族里存在不同的小家庭，每一个家庭的第行都可以有行一、行二、行三、行四、行五等等，这样在家庭与家庭进行整合的时候很容易重复。今天大家可能觉得解决这个重复的问题很简单，但实际上这其实真的是个问题。这个问题可以通过不断地重整族谱来解决，过几年就重修一遍族谱，重新排列行第。所以，在乡村中我们经常可以看到这类活动，我们现在也还在不断重整族谱。我在杨万里的家乡吉水考察时，遇到过新春"上谱"仪式，即重整族谱。大家把草谱拿来，进行誊抄比对，再把草谱变成大家认可的谱册。我们在族谱中也能看到类似的举动，"各家上祠报丁"，就是指这个情况。如果是比较严格的谱，会保留确定兄弟关系的痕迹。比如说有一种《庄上傅氏宗谱》，第一世是敬一公，一直排到桂百一公；第二世是绍一公，一直排到焕八七公；第三世是仁一公，一直排到塘百四公；第四世是盛一公，一直排到镇五六公。这样子排下来，就能看出他们之间的兄弟关系。但是这套《庄上傅氏宗谱》里面还有一个更关键的发明，就是这个表格的架构。

有表格跟没有表格的分别在哪里？前面我们看到一篇一篇的行状，是没有表格的，一旦有了表格，则不需要有行状，只要有个名字，就可以填进表格，于是就跟一个伟大的系统勾连在一起了。表格是可以留有空白的，但如果行状有空白，就连不下去了；而表格有空白没有关系，空在那里，随时可以填一个名字进去。所以表格建立了一个 database 的基本系统，这是一个非常伟大的发明。关于吉安杨氏的族谱，黄志繁老师写了一篇文章，有过详细的研究。我们将吉安杨氏的族谱整合起来，会发现原来的一些记录（有排名的记录、没有排名的记录、有排名冲突的记录）之间存在冲突。你会看到刚才你看到的他们家第六、第七、第八、第九代，大概在这个时候，他们开始扩大架构，一开始做的时候还不是很完善，所以那个时候还存在很多冲突，但是后来变得非常漂亮。

再回到刚才提到的 database，我和科老师一样，都是非常幸运的人。我们看明代的历史，主要看珠江三角洲；但是我想要看得更远一些，所以我去了我的家乡吉安。大家都知道庐陵欧阳修，欧阳修的父亲的坟地上有一块非常重要的碑，很多人的目光都放在泷冈阡表碑上，这是为了纪念欧阳修的父亲而立的，围绕这个碑还有很多传说。但实际上，在这块碑的后面我看到更重要的是欧阳世次碑。这块碑已经风化得很严重了，但是它非常重要，因为它创造了表格。今天我们讲到谱，经常提到欧谱与苏谱，即"欧苏谱例"。欧谱的"例"，指的就是五世一列的这个表格。

今天我们看到的卷帙浩繁的庞大族谱，通常其中大多数的卷册是表格。这种形式的起源可以追溯到欧阳修。事实上，表格是一个非常重要的创举。差不多可以说，欧阳修是当时吉安欧阳氏第一代去进行大规模的血缘追溯的人，当时追出来的结果存在很多断裂和空白，欧阳修也很坦白地说，到了无从考证的程度。欧阳修的族谱中，"万生某"，"某"就是空白。"某生雅，雅生效、楚，楚生谟、託、远、某、某、戌。"欧阳修一生只回过乡一次，为什么要做一个族谱呢？因为他出身贫寒，非常希望有一个与他相关的宏大历史，所以他就像陈白沙一样，完成了一件伟大的事情，把他的家族与一个伟大的历史联系在了一起。而且，欧阳修修过《新唐书》，他非常明白书写历史多么重要。在这个过程中，他或许没有意识到的是，他采取的制表入谱的方式改变了后续的族谱形制以及宗族的发展史。

　　欧阳修以后，整个情况发生了变化。举个例子，南宋时期同为吉安人的欧阳守道评价欧阳修编写的谱"未广，又颇有误"，其实他没有看到关键所在。欧阳修回乡修谱时估计就像我们去做田野调查一样，看到一些牌位，听到一些故事，然后修出族谱。他所编的谱几乎还是只能追溯出单系的线，这刚好让我们看到草创时期可以追溯出的族谱规模以及粗糙。但是，在欧阳修修谱以后的几十年，他所发明的谱图越来越大地发挥出了威力，到欧阳守道的时代，当地出现了一册一册的更大规模的谱。提出批评意见的欧阳守道恐怕还没有意识到，正是欧阳修所创之谱图在几十年间让历史发生了变化。欧阳守道说："文忠公游宦四方，归乡之日无几，其修谱又不暇咨于族人，是以虽数世之近，直下之派，也屡有失亡，最后独质之吕夏卿，以为的据。夏卿虽博学，安能尽知他人世系之详哉？"抛开批评的意味，这个评论所提及的影响欧阳修修谱的关键人物吕夏卿很值得注意。吕夏卿曾和欧阳修一起修《新唐书》，参与制作宰相世系表。我们看到，欧阳修将高层的撰史方式运用到了自己家族历史的书写中。对于普通人来说，当没有表格这种记录形式的时候，将自己与大历史联系起来是非常困难的。将表格运用到族谱中，真正是一项创造性的工作。欧阳修发明了一种最简单的架构，就好像今天计算机的数据库，此后只要有一个名字，就可以将之放入一个家族的历史中，进而这个家族的历史又与国史相连。

　　因为开始有了表格类型的族谱，从欧阳修到欧阳守道，就有了六七卷本的族谱。在大家刚开始制作谱图的时候，正如欧阳守道所指出的，还有很多矛盾的地方。在其他的例子中，我们也可以看到这个变化。比如，杨时为曾巩作传时，比之于曾巩为刘沆作传，只过了一代人，追溯世系的形式就从行状变成了谱图。然后到王礼生活的时代，又过了一两代，族谱越发完备，先是谱图，然后是"系以名贤所为，诸主墓志铭等作具载"，即我们所习见的谱的架构，包含墓志铭、名人名言，以及最重要的部分——吊线谱图。当然，宋代印刷术的发展，也促进了谱图的普及和发展。待发展到科老师刚刚所讨论的明代中期，表格这种类型的谱图已经成功地流布了数百年，做得非常漂亮了。

这些年，我们也去韩国、越南等处考察，比较东亚、东南亚不同形态的社会结构。韩国的奎章阁收藏了许多谱。然而，韩国的谱与我们的谱有所区别，他们的谱比较贵族化。韩国与我们的区别，我相信最关键的原因是他们没有经历"大礼议"。因此，韩国的学者说他们仍然保持着贵族的叙述结构，使用宋儒理论，表达上更加士大夫化；而我们经历了"大礼议"，通过祭祀始祖，打通了身份之别。哪怕是乡下的农民，都可以说是宰相门第。有了这种种的发明与机缘，在明代，我们就完成了普通人的贵族化的转变，即礼仪的庶民化。

但是除了科老师讲的"大礼议"，我们不要忘记我们是如何做到这一点的。我个人认为，最重要的是通过文字建构的血缘关系，而文字中最重要的发展是建立起普通人可以掌握的简单而容易普及的架构。

我的这一点点发现，只是为老师们做注。我有一本小书和一篇小文章讨论谱图的发明与普及。当然，谱图只是变化——我认为非常重要的发生在 1100 年前后的变化——中的一小部分，因为其中还有来自宗教的动力等重要因素。今天无法讨论宗教的问题，我就到此为止，谢谢。

科大卫：我要感谢贺喜的研究，她让我们知道了族谱从单线的形式变成了多线的形式，这种在不同时期和地方出现的变化非常重要。

最后，我想为我们进行一点辩护。很多朋友批评我们，说我们的宗族制度只是华南的产物，他们说在华北都找不到宗族。对于这个话题，我感到很奇怪。我们一直都是从华南珠江三角洲的角度讲述一个在乡村中需要有祠堂、宗族和田土的制度，这是珠江三角洲的情况。在华北当然不能期望找到一个华南的东西。批评我们有什么用呢？因为华南的制度是祠堂、宗族和田土这三个元素合并起来的，在华北，三者不一定同样地合并。要了解宗族是什么，我们要了解这三个元素发明和演变的历史，也不要假设三者一定共存。所以，在华南以外找不到华南样式的宗族，并不代表宗族的制度在华南以外不存在，可能是因为其形态不同。因此，现在还有很多可以进行的研究，每个地方都可以处理本地方的联系、各种谱系，如本地方拜祭的地点如何，拜祭活动如何运作，可能不是拜祖宗，可能是拜神。此外，财产怎么控制，不同宗族的财产情况可能不同，有些地方比较富有，有些地方则没有那么多财产。因此，我们需要考虑如何将这些因素组合在一起。

我们今天的目的不是做总结，而是创新。我们的目标是让大家继续进行研究。多年以后，我们才明白祠堂、族谱以及祖尝这些东西都是需要发明的。这些东西被发明出来后，慢慢地演变，并在不同地方产生了不同的变化。我们不是需要一个华南宗族在华北的历史，我们需要知道的是祠堂、族谱和祖尝在各地怎样发生，怎样发展。

《秘密社会的秘密》处理什么学术问题[*]

贺 喜 科大卫

整理人：李敏明 黄 旭^{**}

贺喜：关于宗族的历史，我们还有很多可以挖掘的地方，其中有一个和接下来我要讲的主题其实很有关系。大家有没有想过，宗族其实在讲社会如何结群的问题。宗族结群的依据是什么？对，不管是真还是假，那个结群的依据是血缘。

我们有没有什么办法可以替代血缘呢？其中有一个非常简单的办法，这个就是秘密。比如说，我告诉你们一个秘密，我们便拥有一个共同的东西了，假如我们中间有一个人把这个共同的东西透露出去，秘密就破灭了。所以，我在跟科老师处理宗族问题的时候，我们还想，有什么东西是可以不需要血缘的，或者是否有一个非常低成本的办法取代血缘呢？所以我们将兴趣转移到研究秘密社会。我们写的这本小书叫作《秘密社会的秘密》。

我给大家看一张图（见图1）。

这张图，叫作飘洪，就是一个腰凭，是天地会会员的凭证。它是天地会的秘密。你看到："五人分开一首诗，身上洪英无人知。自此传得众兄弟，后来相认团圆时。"看这首诗的意思，它是天地会兄弟互认的

---

* 本文据中山大学历史人类学研究中心与香港中文大学-中山大学历史人类学研究中心联合主办的历史人类学高端学术讲坛（2023年6月16日）报告整理。

** 贺喜，香港中文大学历史系副教授；科大卫，香港中文大学历史系教授；李敏明，中山大学历史学系硕士研究生；黄旭，中山大学历史学系硕士研究生。

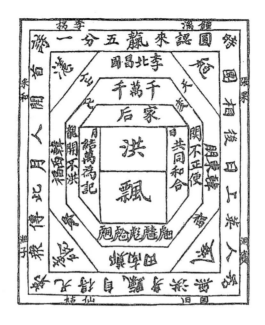

图1　飘洪

凭证，图上的字还排得奇奇怪怪，好像内里的人才可以看懂。但是这张图真的是秘密吗？在天地会"拜会"的时候，主持拜会的人收钱把这张图发出去。所以不难相信，它流传很广。一个流传很广的秘密还是秘密，这就是我们《秘密社会的秘密》的主题。对于这本书，我和科老师就是希望用历史人类学的办法去了解一个近代史上很多人研究过的学术问题。

1. 担匪案

我打算通过几个案件跟大家讨论秘密与秘密组织的关系。第一个案件是担匪案。这一份材料是在哈佛大学图书馆，放在图书馆的电子书库里面的。开始没有任何标识，我和科老师的研究出版了，我们再去看，发现他们按照我们的文章给了一个标题。这是我们与这份文献的一个互动。这份文献是奏折的稿本。我们常常看到的档案是最后呈给皇帝的版本，与稿本不一样。通过这份奏稿，我们看得非常清楚，就是通过修改这个案件的表达方式，可以影响到整个审判的结果。

　　这个担匪案的首犯叫作萧烂脚，你一听这个名字就明白，他是社会上没有什么名字的人物。他在江西饶州府安仁县结会。当时一共发现67名人犯。萧烂脚原来是宁都州人，在各处抬轿营生。嘉庆六年，他听从已获拟结之李姓犯人的话，在进贤县地方伙同22人，序齿拜把一次。究竟他是序齿拜把还是不序齿拜把，是影响量刑的，所以文献里记录得很清楚。他先是序齿拜把一次，后来潜逃了，然后他又听从一个叫周瘸子的话，在临川地方又伙同32人不序齿拜把一次。过一阵子，他又听从担匪王瞎子的话创立了一个会，这个会叫作边钱会。所以，在地方上，这些拜把是非常普遍的，或者序齿拜把，或者不序齿拜把。但是除此之外，现在萧烂脚多干了一件事情，他跟王瞎子创了一个利用边钱作为识别标志的会。这个会一开始是44人，在临川地方序齿拜把，然后有会内的规约，他们用钱一文，分为两半，一半交给为首的老大收藏，一半自己收藏，作为聚散通信的凭据。

　　这个可有意思了，刚刚我们说拜把，无论序齿拜把、不序齿拜把，都没有说后来相认团圆时用什么作为依据。萧烂脚跟随王瞎子的时候发现边钱可以作为凭据，然后事情慢慢发生了变化："萧烂脚求乞日久，乞伴渐多，遂起意，自行结会渔利。"萧烂脚找了一大堆人拜把，大家推萧烂脚为老大，其他人为"老满头"。又在邓家埠宰鸡取血，分饮结拜。到了嘉庆十四年、十五年的时候，萧烂脚又继续宰鸡取血，分饮结拜。

　　以现在的名词，萧烂脚在干什么？他在做传销。他发现以王瞎子的边钱办法，这一堆可以传一下，那一堆可以传一下，可以传着几百个人。这个传销组织建立共同感受的依据是铜钱，正如其名曰"边钱会"。清代用的是铜钱，往地上一摔，铜钱碎成两半。会众大概不会跟老大去对，但是在他们的观念里，他们跟老大的关系很不一般，彼此可以有共同的东西拿出来。大家可能还不知道，放在大清律里，这些人，有的是要斩立决的。

2. 李魁升案

第二个案子，是一件令官府比较紧张的事情。奏稿说有"结会匪徒占山酿命欲图纠众报复"，拿获首伙多名。拿获以后，就写了这个折子。这个折子在稿本中修改了很多，我们就是讨论这些修改。大家知道，看档案，你不只要看大字，也要看小字。小字与大字对照，你会发现，整个故事的性质就不一样了。

这个案子的主人翁叫李魁升，原籍是广东兴宁县，寄居在江西龙泉县。他与在逃的福建永定县人卢三，及上杭县人陈纪传和蓝老四都是相识的。陈纪传这些人都在龙泉县的大汾墟做生意。嘉庆十六年，卢三（又叫破鼻花）跑到龙泉县境内，结会传徒，被县官汤煦捉拿。然后到了这年的四月，李魁升在路上遇到了蓝老四，又谈到了卢三之徒陈纪传交友甚广，希望拜其为师，以免外人欺负。所以好像刚才一样，地方上一群人，用某种传徒的方法结合。上一个案件中的边钱会是用铜钱，卢三与他的徒弟是用"红布花帖"。他们发现"如领红布花帖，即可传徒骗钱"，所以就纠李魁升入会。李魁升同意了，就在四月二十七日这一天，拜陈纪传为师，并送给钱三千文。"陈纪传买备香烛，设立从前传会之万提喜即洪二和尚牌位，用米桶插五色纸旗五面，中插红纸旗一面，并用布搭桥，令李魁升闯过，陈纪传口诵'有忠有义桥下过，无忠无义剑下亡'俚语。并用刀宰鸡取血，滴酒同饮，付给红布花帖。"花帖现在还存在军机处档案中。

读到这里，历史人类学的同学马上就知道，红布花帖的背后，是与仪式相结合的。红布花帖是整个仪式的一个部分。奏稿描述得很清楚，这个仪式，中间放洪二和尚万提喜的牌位，还有一个米桶插着五色纸旗，还要"过桥"，"过桥"的时候要在旁边说"有忠有义桥下过，无忠无义剑下亡"。过这个"桥"是什么意思？可以过这个"桥"的人，"有忠有义"，同时也威胁"无忠无义"的人，他们会在"剑下亡"。这个仪式比边钱会的拜把又多了一层含义。

在我们的书里，有相当篇幅讨论这套仪式在嘉庆、道光年间的变化。拜会仪式的变化在天地会的历史中非常重要。原来的"米桶"，后来叫"木杨城"。通过文字，通过一问一答，通过仪式，参与拜会的人到"木杨城"参拜，成为天地会的兄弟。所谓"花帖"，可以是腰凭，也可以是拜会仪式所应用的文本。仪式在晚上的郊外举行，主持拜会的人一问一答，参与拜会的人（有些文本称他们为"新丁"）在手持刀剑者的监护下，在以白布为代表的桥下穿过，这是一个很有戏剧性的仪式。参与者可以感觉到，虽然他们没有任何证据，但在其他的地方应该还有其他人也在做同样的仪式。把不同地点发生的可能性质完全不同的活动连到一个看起来统一的行动上，这就是仪式的力量。但是在乡村中进行这个仪式的时候，大家有没有想过坐在衙门里面的县官，以及坐在北京城里面的皇帝，接到有人举行这些仪式的报告的时候，会有什么感受？

"木杨城"，洪祖为大，它提供了一个虚构的拥有很多人口和兵马的故事。而洪二和尚万提喜是个反清复明的人物，是不是所有参与者都知道？到这一步，大家要明白，仪式加上秘密是有层次的。参与者共有一些秘密，秘密还连到一个虚拟的血缘——洪门堂上历代宗亲。参与者不一定知道反清复明的传统，但是在宗族祠堂普及之后，到了清中期，他们已经都知道在祠堂祭祖是怎么一回事了。这就是说，刚好就有一个既定的架构，可以把它借来用作别的用途。哪怕是不同姓，也可以用虚拟的姓氏（姓洪、姓万）。天地会为什么可以传递这么大的一个统一性的观感？因为参与者已经接受了同一类的仪式。

回到李魁升案，领了红布花帖就可以传徒，又来传销了。案件中有一段插曲，就是有一个会众杨学贵，母亲病死了以后没有钱买棺木，也没有地方安葬，于是就跟会众钟高才商量，要找一块地来埋葬他的母亲。中间有一个争端，最后因为占山打死了其中的一个人，巡抚先福原来以"民人争山酿命"定案。但是，在搜查证据的时候，发现了花帖，于是就变成了清代中期影响非常大的一个缉拿天地会的"结会匪徒占山酿命"案件。占山酿命是常有的事情，但是一纸花帖把它的法定性质改变了。很明显，官府的参与也是影响天地会历史的一个决定因素。

3. 盐枭案

第三个案子，是非常离奇的案件。在这个案子里，我们讨论的是学界长期以来的看法，即清代中后期天地会的扩大化。我们的资料来自江西泰和县县令徐迪惠的日记。

我一页一页地翻这份日记，看徐县令每天做什么事。比如说，初九这一天他起来以后去了文庙，初十他又去了社稷坛，等等。就是县官习以为常的职责。到了道光五年二月二十八日这一天，他在审会匪，二十九日这一天他也在审会匪，其实他常常在审会匪，审会匪不是一件很特别的事情。但是到九月发生了一点事，因为这个时候，江西的新任巡抚韩文绮上任了。他向巡抚讲述泰和的风土人情、迎来送往等等。接下来的每一天都在谈如何向不愿意交税的人收税，这是他颇为辛苦得来的经验。然后有一些事情出现了，就是盐枭闯过税卡。徐迪惠自己带队追赶，很快就把事情处理了，也没有掀起大的波澜。再后来，泰和缺雨，有一天乡民五六百人鼓噪，抬神拥至衙门大堂喧扰，砸门毁物。对于徐迪惠而言，当年的旱灾是非常令他头疼的。然后过了旱灾，他又缉拿会匪，审判会匪。按部就班，看来没有什么特别的事情。

但是到道光六年九月，有点奇怪的事情发生了，他要频繁地去见巡抚。他把这年的事，特地记录在《泰和县志》中。《泰和县志》在道光四年有一个刻本，徐迪惠在道光六年又特意订正了一个补修本。对比两个本子，多了他补充的几句话。他说道光六年五月天旱米贵，乡民因为不下雨把他的整个县衙大堂都砸了。南赣也有添刀会会匪煽惑地方的人。他设法访拿首伙，分别详办，民遂安笃。

徐知县是有理由被省府官员召见，并在县志中加上这几句话的。御史熊遇泰在这个时候上奏赣南有添刀会（亦称千刀会），出没无常。这些人劫掠商贩，泰和马家洲就有这些人劫资财的事情。下面这一句就厉害了："地方官讳盗规避，惮于缉捕，迄今未获破案。"不管熊御史所奏的情况是真是假，朝廷命令两江总督、江西巡抚回应。江西巡抚韩文绮上奏说现在审判该犯人，并无千刀会以为声援之事。地方官也查过了，没有这一回事。有会匪，但是没有熊遇泰所说的千刀会。韩文绮说得非常清楚，没有。

但是刑部又有司狱麻燮寅，入奏说江西有会匪跟盐枭结合在一起，应该查查这一回事。这个时候两江总督琦善上奏，也说没有。琦善说我们这里确实有盐枭但不是那个天地会、千刀会等等。皇帝又说不对，你再查。然后琦善又奏，建议多设盐卡、巡船，但没有会匪与盐枭结合的事。

故事到这里应该差不多了，哪知道过了三年又出来一个御史王赠芳，把这件事情再拿出来。王赠芳把前面所有关于江西的私枭和会匪的材料进行了一个大整合。他说江西私枭多系会匪。这下不得了了，一下子所有私盐贩子都变成匪徒了："会匪、私枭虽异其名，而其持刀结党，大为民害则一也。"他说不管私枭是不是会匪其实就是一回事，"其初犹知畏法，近来匪徒党羽不计其数。地方官惧滋事端，惟思苟且"。所以他们每一次都不是在讨论事情是真还是假，而是把目标对准了地方官。这个时候巡抚韩文绮刚好要处理地方官的考成，到这一步挡不住了，所以就有一个回应，说："万安、泰和二县，为粤私从入门户，每有闯卡拒捕之案，多已人盐并获。内获盐不获人者，身虽幸脱，资已荡然，因而流入匪党，亦所不免。"之后他再来拿办，等等。

到这一步，你看到韩文绮在后退了，但是他也没有完全屈服。他没有说私枭就是会匪，他说有的私枭可能没有查拿干净，跑入会匪中间也不一定，那我们再去查吧。但是到这里，整个案件的性质它就改变了。因为在诸多历史学者的研究中，他们用的都是御史王赠芳的上奏，也同意私枭确是会匪。假如我们没有去看泰和县知县的日记，巡抚韩文绮一再反驳其实没有会匪，我们大概也会得出这个结论。不要误会，我对诸位前辈的研究绝对是非常尊敬的，但是我们多做了一点。从跑田野的经验，我们知道档案也是田野。每一句话的背后都有它的礼仪，有它的历史。县官徐迪惠知道他缉拿的私枭不是会匪，甚至连江西巡抚韩文绮也是非常清楚私枭不是会匪，但是京城的御史坚持私枭的猖獗等同会匪的扩张，地方官员也只能退让。秘密社会有很多秘密，包括档案没有表露的秘密。

我就到这里，由科老师讲下一部分。

4. 天地会在东南亚的发展

科大卫：我们一开始的时候就很清楚，要写一本小书，一本很简单的书，一年级本科生都可以看明白的书。但是，在这本简单的书里，我们想要读者看到历史人类学的方法。

我们跑田野，看仪式，非常明白，道士在村里面做仪式的时候会应用科仪本。道士在仪式中念科仪本的文字，但是参与者不一定听得明白道士所念的文句。道士所做的仪式，与村民参与者所经历的仪式，并不是同一回事。这个是我们历史学与人类学最不同的地方。历史学者的材料很多时候是那个科仪本，不是村民参与者的经历，而人类学者是站在田野观看，不只主持者，还有参与者，在干什么事。把文本讲的事当成参与者经历的事，是历史学研究非常大的忌讳。历史上发生过的事情历史学者不能回去看，我们只能靠文本去猜在那个时候那个地方，观察者可以看到什么东西。所以这本书的目的不仅是呈现天地会的历史，也是思考当有事情发生，只有文本的记录，历史学者应该怎样考究。我们用很尊敬的口吻大声疾呼：档案也不一定可靠，只可以用跑田野的眼光去看。

我的任务是写第五章，主要是写在香港、在上海以及在海外发生的事情。海外天地会的发展和中国天地会的发展不是一个先后的顺序，而是大致都是在嘉庆年间就开始了。

海外华人有很多"会","会"就是在某个神前面每年吃一两顿饭的组织。所以华人有做会一点都不奇怪。做会不一定是做天地会，要分开，这是两码事。历史学者认为比较接近天地会的组织是义兴公司，在槟榔屿有，在新加坡也有。上海小刀会起义，有一两份传单是写着义兴公司的名字。"公司"是 19 世纪用于华人结会的名词，与后来做生意的公司无关。义兴公司就是一个"会"。

陈剑虹先生是槟榔屿非常著名的历史学者，他也特别研究过义兴公司。他发现了义兴公司创办人的神主牌位。这些人修庙、修坟场。当地殖民地政府对它们有保留，想通过立法案来禁止这些秘密社会。但是当时槟榔屿、新加坡属海峡殖民地，不归英国政府管，是东印度公司管的，东印度公司不批。退而求其次，海峡殖民地政府要求这些华人的"会"登记。海峡殖民地政府是知道谁参与义兴公司的，这不是秘密的，但是也没有说义兴公司是天地会。

历史无奇不有。在 1845 年，英国已经占领香港岛后，"大英钦奉全权公使大臣总理香港地方军务兼领五港英商贸易事宜德"（"德"是港督戴维斯）发出了一份禁止华人参与三合会的告示。他之所以这样做，不是因为香港出现了天地会（三合会是天地会的别名）。他向他的上司——英国殖民地大臣的报告，很清楚地说明他是在替两广总督做这件事，来换取两广总督帮忙控制海盗。两广总督耆英很合作，还开了一个单子给他。罗香林先生的书里面有这个文件，我也在剑桥大学图书馆见过。所以很奇怪，香港有处理三合会的法律，但是在新加坡、在槟榔屿华人的"会"可以注册。

在我们的书里，有部分讨论在太平天国起义的时候天地会的演变。太平天国起义，也让外国人对清朝的印象发生了改变。在他们的眼里，清朝一下子从很有秩序的社会变成了很凌乱的社会。同时，随着海外移民增加，天地会的文本也散播到了东南亚。在荷兰殖民地巴达维亚

（今雅加达），警察也抓到了会党，也发现了天地会的文书。以上这些都是背景。

影响到天地会在东南亚发展的一大因素，是一本书的出现——施列格（Gustave Schlegel）编的《天地会研究》，1866 年出版。

《天地会研究》出版的时候，施列格才 27 岁，在巴达维亚做翻译。他的中文大概很不错，以后就变成一位在欧洲很有名气的汉学家。他当时大概是看中了机会，看到英国人对华人会党很有兴趣，所以就把在巴达维亚找到的天地会文书翻译成英文，连原文一并付印了。

老实说，我们现在看这本书是有些奇怪的。其中一例："天运　年，义兴公司欲立上长，　　　　月　　　日录照。大哥、二哥、先生、先锋、红棍、议事、草鞋、柜匙、收柜、代收柜：兹本公司内众兄弟欲立诸人为上长，今议定着理，宜声明。倘诸上人，若有违法，不公平，不宜立为上长。祈诸会弟，务必出头阻止，方无后患，而后可以改换别人。是为告立。"在中国本土，不论何种团体，我们都没有见过类似罢免"上长"的文件。我怀疑这大概与巴达维亚华人会馆"公馆"一样，是深受荷兰制度影响的结果。但是，尽管如此，《天地会研究》的影响非常大，有两个理由。其一，天地会的文本，原本都是私藏的，《天地会研究》是第一个全面性公开天地会文献的出版物。其二，《天地会研究》内容丰富，翻译详细，印刷精美，所以它马上以权威的姿态出现。我们跑田野的人最怕什么事？就是你的同行出版了一本介绍你研究的地方的著作，然后访问对象据此回答你的问题。有点像收音机的出现怎样毁坏田野，再后来是电视，手机媒体。权威的出现，改变了东南亚华人会社的面貌。

你不相信吗？你现在去新加坡国立博物馆，其中有一张很漂亮的天地会拜会图，展示整套天地会的拜会仪式。因为新加坡并不禁止会党，而是登记会党，这个仪式举行的时候，新加坡华人的保护人（Protector of Chinese）毕麒麟（W. A. Pickering）是座上客。毕麒麟与会党的关系不错，义兴公司有几次的仪式也请他参观，同时不止他一个人，还有殖民地的辅政司，以及警察署署长。这个会社算秘密吗？毕麒麟很推崇施列格的《天地会研究》。义兴公司根据《天地会研究》中的文献重构了天地会仪式让官员们看。问题是，施列格从来没有看过拜会仪式，但他出版了一部比天地会的文本更权威的著作。

自由提问环节

任建敏：谢谢科老师和贺喜老师精彩的报告，其实两位老师的书我在大半年之前就有拜读，那个时候也觉得非常好读，花了不到一天时间就全部读完了，实在是太精彩了。我现在跟谢晓辉老师开了一门课，就叫中国社会的历史人类学，我们还专门拿老师的这本书里面的相关内容给学生们讲课。我也觉得这是一个非常好的、精彩的例子，它提醒着我们，就像刚刚科老师讲到的，如果我们面对着一些文本，或者那些我们可能没有亲眼看到的仪式，我们能不能用历史学的方法或者历史人类学的方法，把这个过程重新追溯回来。

我们现在还有半个小时的时间是留给现场进行讨论的，这个机会非常难得。我想在座有很多老师和同学可能都想把握这个机会，向两位老师请教。我们可以就着今天的内容，甚至也可以再延展一点出来。现在我们就把时间留给在现场的各位老师跟同学。

提问同学 A：我想请问贺喜老师两个问题。关于贺喜老师讲的欧阳修对世系表的创新，就是感觉贺老师讲欧阳修创造这个表的过程，欧阳修是比较顺利地就把这个表推行下去了，包括后来我们看到他刻在碑上的世系表，还包括在他的文集中看到的。但我就这一点有两个问题。第一个问题是欧阳修在进行这个创新之前，有没有其他的寒门进行其他的尝试？也即欧阳修这个尝试是否唯一成功的尝试，还有没有我们没发现的"声音"隐藏在历史之中？第二个问题是欧阳修在进行这个创新之后，他有没有遇到什么困难？是不是正如老师您报告的这样，一直顺利地流传到我们的社会面上，并且大家也欣然接受了这样一个方法？就好像这条路也十分顺畅。

贺喜：谢谢你的问题。其实欧阳修在做一个将寒门的历史连到大历史的努力。我相信这是他那一代的读书人都想干的事情，并不止欧阳修。你看到他同时代的很多人，包括曾巩，都在做类似的事情。但是问题就在于他们没有做到那一个规模。比如写行状也好，写墓志铭也好，很多人其实也是在做这类事情。但关键在于欧阳修创造了一种新的书写方式。以前的方法只能处理一条线的族谱，而他的方法可以处理多线的族谱。这个变化很大。

其实我也一直在想你问的那个非常关键的问题，是不是只有欧阳修开始了以后，我们才这样干。以前有没有？不好意思，以前还真的没有以这种表格来处理这样的问题的方式，进行这样的突破。这真的是在欧阳修之后才开始的一个变化。在欧阳修开始了以后，过了四五十年，这个东西它就变得非常普遍了。

至于你说有没有人反对，比如说我们不能够用这样一个表格的方式来处理呢？其实这个我们不知道，但目前看到的文献基本上没有说我要反对用这个表格来处理。目前看到的文献反映的事，大家还在纠结于，包括我们看到的欧阳守道，就是你看你这个祖先追到 A，我追的这个祖先追到 B，这个 A 和 B 不一样，A 伟大还是 B 伟大对吧？读书人一千年来纠结的问题不是在那个表格，而是在追的那个故事漂亮不漂亮。欧阳修帮他们实现了，故事变得越来越漂亮。

科大卫：贺老师说的这个谱图在其他地方有没有呢？我追了一下。不能说所有族谱我都去看了，我找北宋的大官僚家庭，发现在明州，就是宁波，出过很多北宋时期重要的官员。我翻了他们的族谱及文集，他们基本上没有这个图表。但在欧阳修以后，很快就可以看到很多地方在用。如果你问我有没有找过整个中国？没有。我找过明州，找过浙江的山区，另外还找过一点江南，也没有。我也可以跟你说，那广东更没有了。

同学 B：我想请问一个问题，就是刚才老师说一开始宗族是采用一个墓志或行状的形式来记录，但这样的话就不能够把更多的人给记下来，所以后面就采用了更先进的表格的方式。但是以行状形式进行记录，它的内容不是会更丰富吗？如果把人都变成一个名字的话，就可能对这个人具体发生了什么故事不太清楚，那这样口传的传统不断地被简化，对于他们来说是什么样的意义呢？

贺喜：你看到的族谱里面这个名字重要的人物还是会有行状的，没有一个取代另外一个的关系。行状是很少有的，有行状的都是很有名的人，但是大部分人是没有的。等到欧阳修创造那一个系谱以后，有行状的人还是有行状的，但是会把没有行状的人连进去，可以多讲一句话：你看有行状的人，他是我的祖先，我跟他是有关系的。关键在这里。

同学 C：您好，老师，我想问一下，老师研究的那些宗族，他们是以血缘，起码名义上是以血缘来告诉大家我们是一个组织，然后秘密社会是以保护大家的名义作为一个组织，这其实是以不同的名义组织起来的，那他们之间有没有一些关系，比如说以血缘为纽带的这一群人，他们是不是因为那些边缘化了的人加入那些秘密会社？他们之间、不同的组织之间有没有这种关联，或是冲突或是合作？有没有看到类似的这种文献呢？

科大卫：我大概明白你的意思。以前我们研究动乱的时候都喜欢说那些边缘人物都会去做这一类的事。但是，"边缘"对我们来说也是比较麻烦的概念。问题在于你站在哪里。如果你站在皇帝的立场，犯法的人是"边缘"的，但是如果你站在比如刚才讲的那些在江西的某一个镇里面开店铺的人之中，就看不出来那个镇里面这些人是不是边缘的。"边缘"，往往都是一个事后的解释，而不是一个你可以用来分别不同类型的人的解释。我感觉还是不要受这个"边缘"所骗，没有这一回事。

同学 C：那比如说是在宗族社会，他们的势力逐渐衰弱下去以后，是否会导致秘密结社那些团体的势力的增强？这种假设是否正确呢？

科大卫：错的，不见得宗族的势力消失了。宗族边缘化，是另一回事，那个是我们读书人的概念，政府的概念。你问郑振满老师，他们莆田宗族有没有消失，到今天还是很厉害啊。所以在概念上，边缘化与实力的强弱是两码事。你说有些宗族会上去，有些宗族会下来，是肯定的，这是一个竞争的关系，但是宗族的势力看不出有消失。而且，这个假设背后的论点就是宗族是正统的，会社，例如天地会，是边缘化的，这个论点基本上是站不住脚的。因为你没有一个独立的办法分辨，你只是事后把犯法的人视为边缘。边缘是个很松动的概念，要看你站在哪里去看，边缘不是一个具体的概念。

同学 C：会产生这个问题，是因为我觉得宗族就是一个保护的组织。

科大卫：宗族要保护一批人的话，就要抵抗另一批人。所以你只是看见一边，而不看另一边了吧。

同学 D：刚刚科老师讲到天地会，说到"不信的话可以去看施列格的书"，这个事情我是有一点点体会的。我们之前去深井村考察的时候，当地的老人就说这个地方是某某岛，那个地方是某某岛，我好怕他下一句就说你不信的话可以去看范岱克的书。所以我的疑问就是你去做田野调查，去做访谈的时候，他们当下的这个表述很可能已经被其他权威的书给"污染"过，我不知道这个词对不对。但我想问的就是他们当下的这个表述对我们观察过去的结构过程还有没有意义？如果出现这种情况，我们应该怎么办？谢谢老师。

科大卫：我可以有一个不是很有礼貌的回答，有没有意义就要看你访问的技术好不好了。你知道我们最怕的一回事，就是跑到一个田野点，你发现原来已经有人去过。因为上一个访问者问了问题，老先生就坐那里讲故事，但他其实不只是讲故事，他会注意到，前面那两个访问者，我边讲，他们边写。他也注意到，有时候我这样讲，他们就一点都不写。他注意到访问者对什么事情有兴趣，什么事情没有。这样的话，老先生会感觉，什么话可以多讲，什么话可以不讲，这样就会影响到你了。

但这不一定代表你会问不到。我喜欢讲一个我的经验，一个小故事。我很多年前对台湾少数族群感兴趣，就跑到宜兰，去找噶玛兰人，就是台湾少数族群中的一支。我自己也不懂闽南话，有台湾朋友替我翻译。我们这一去，发现所有找噶玛兰人的访问者都跟一个牧师联系。我们见到牧师，他很愿意帮忙，但是说只有三个老人可以问，一个已经去世了，有一个在医院，现在还有一个老婆婆。我们就去找老婆婆。但是，我知道糟糕了。因为不知道已经有多少人访问过老婆婆，老婆婆也讲过多少次她的故事了。我就一直在想，我怎么找到以前的人没怎么跟她讨论过的问题？我一直在想这个问题。当时她讲了很多故事，听起来是讲过很多遍的。我用我平常访问的办法。你要放松下来的，不要弄得对方紧张，然后你需要把受访人带回某一个环境。这个真的看你的技术怎么样，不容易做。

通常，生命中重大的转变会留下深刻的印象。对男人而言，很多时候，是父亲去世的时候。对女人而言，很多时候是结婚的时候。她从自己家去了男方家，她会记得到男方家以后的经历，跟在以前自己家所经历的分别。所以我就用我这个老办法，就问老婆婆什么时候结婚的，她原来那个家庭什么样子，让她慢慢讲。以前的访问者好像对这一类事情不感兴趣。我问最简单的事，比如她晚上跟谁一起吃饭。老婆婆跟我说了她家里有什么人，得知在家里还有个婆婆。我就让她说出来跟她一起吃饭的所有人。然后，我注意到老婆婆的婆婆不在其中。我就说为什么你婆婆不一起吃饭呢？她说不会。为什么不跟你们一起吃饭？因为我们是用筷子吃饭，而我的婆婆还是用手。对我来说这个回答多么宝贵！我从其他资料看到过，很多台湾少数族群用筷子是日本人占领台湾的时候学的。老婆婆那个时候年纪小，就学会了用筷子，但是她的婆婆是老人，不习惯用筷子，用手的，所以分开吃饭。在她回答的那一秒钟，我好像看到了社会的一点变化。是很幸运的一次。感谢让我访问的老婆婆。

杜树海：我想请问一下科老师对这个区域比较，还有具体经验的概念化，或者是说理论化这方面有没有一些新的思考？因为我比较关注的就是原来科老师、郑老师和刘老师他们讨论的地方社会模式的一个结论或者说一个概念，现在我们上课也会浓墨重彩地去讲这个莆田平原和珠江三角洲的比较，然后得出这个地方社会模式的一个理论。刚才科老师提到，赵老师也在谈折叠和拉伸，赵老师谈的这个折叠可能有"抄袭"的一个概念在里面，我不是很理解。总之我的问题大概就是，科老师您现在对这个区域比较，或者说我们这些具体经验的概念化或者理论化，有没有一些新的思考？

科大卫：比较是我们基本的工作，配合着我们的研究建立起来地方历史。我们进去一个田野点，出来的时候，希望可以拿到用到大一点的地方的概念。我们一方面要了解整个中国文化的历史过程，另一方面也要了解整个世界的人类历史，了解中国文化怎么放到整个人类的历史里面去。这个过程也是要比较的。所以你说要比较是没有问题的，这是我们一定要做的。

但是你说有没有新的理念就是另外一个问题了。新理念来无踪、去无迹。想到的时候是两秒钟的事情，但那两秒钟好像一辈子没来很多次。有时候你很迷惑，想来想去想不通，然后突然之间了解了一些事。所以你说有没有新的概念，我不知道。

新不新，我不回答。我可以说我现在在做另一本书，讨论宗族制度的历史演变。我的答案对不对，也轮不到我说。我的目的是分别祠堂、族谱、尝产的来源，然后接受它们在不同的地方有不同的发展。这几年不能跑田野，我读了很多族谱，但是那些在网上找到的族谱，跟我们在田野里面找到的不一样。田野里能找到多一些手写的，然后同一个村子还可以有好几种，但你在网上找，很多时候是漂漂亮亮的那一类。祠堂、族谱应用到宗族上，我相信现有的出版已经有讨论。现在的关键在祖尝。

杜树海：对原来你们提的那个地方社会模式，就珠江三角洲和莆田平原的比较，你们有什么评论吗？

科大卫：莆田平原和珠江三角洲也就是两种不同的情况，并不是地方模式。如果只看文献，它们很相近，但如果到田野你就会看到它们不同的样子。莆田的祠堂，是在宋代社会的基础上建立的，而珠江三角洲，是非常典型的根据明朝法律搞出来的社会。这两个地方经历过不同的历史。您可以说是同一个类型，建筑在不同的历史背景上。

任建敏：好了，因为时间已经超出太多了，今天的两场精彩讲座就到此结束。感谢两位老师，谢谢大家。

研究述评

2000年以来广州十三行研究回顾与新进展[*]

郭永钦　易东洋[**]

广州十三行贸易是清代对外贸易机制中不可或缺的一环，清中期后十三行成了中国对外贸易的唯一窗口，具有重要的研究价值。它是由朝贡贸易体系向近现代海关体系转变过程中的产物，并在第二次鸦片战争后退出了历史舞台，同时也预示着清朝的衰落。本文首先总体概述广州十三行百年以来的研究成果，前人已对此有系统梳理（冷东：《20世纪以来十三行研究评析》，《中国史研究动态》2012年第3期），本文则着力从2000年以来有关广州十三行的通论性研究以及专题研究两个角度爬梳研究特点，在专题研究部分又从制度、经济外贸、文化资源开发利用与人物生活各个层面进行总结。

关于广州十三行的学术研究早在20世纪初就开展了。梁廷枏在道光年间编纂的《粤海关志》是国内文献中有关广州十三行的最早记载。十三行天宝行后人梁嘉彬于1937年出版的《广东十三行考》是国内专门研究十三行的著作，也是随后广州十三行百年研究的扛鼎之作，被称为30年代学术上的"岭南佳果"。该书论述了广州十三行的起源、沿革、行商事迹，使国内广州十三行的研究一开始就有了相对较高的起点。在此之后，张德昌（《清代鸦片战争前之中西沿海通商》，《清华大

*　本文系用友基金会"商的长城"资助项目"广州十三行与荷兰东印度公司贸易数据史料整理研究"（2022-Z05）成果。
**　郭永钦，广州大学人文学院历史系副教授；易东洋，华南农业大学人文与法学学院硕士研究生。

学学报》第 1 期，1935 年）、梁方仲（《关于广州十三行》，《广州文史
资料选辑》第 1 辑，1960）、陈国栋（《清代前期的粤海关与十三行》，
广东人民出版社，2014）、彭泽益（《广州十三行续探》，《历史研究》
1981 年第 4 期）、蒋祖缘（《清代十三行吸纳西方文化的成就与影响》，
《学术研究》1998 年第 5 期）、黄启臣（《明清广东商帮》，《中国社会
经济史研究》1992 年第 4 期；《弘扬十三行商向外投资传统发展我国对
外投资产业》，《岭南文史》2016 年第 1 期；《伍秉鉴：清代前期世界首
富》，《岭南文史》2020 年第 2 期）、赵立人（《再论明清之际的十三行
与澳门贸易》，《海交史研究》2005 年第 2 期；《论十三行的起源》，
《广东社会科学》2010 年第 2 期）、章文钦（《广东十三行与早期中西
关系》，广东经济出版社，2009；《屈大均诗文对岭南海洋文化的描
述》，《广州文博》，文物出版社，2018）等人皆由不同的切入点对广州
十三行进行了研究。国内研究的蓬勃发展与国内相关档案文献的公布程
度不相匹配，十三行的档案文献多在国外，欧洲各国的博物馆与一些著
名大学的图书馆保有大量的档案、日志、手稿等一手资料，仍尚待发掘
研究。

进入 21 世纪以来，广州十三行及海上丝绸之路相关研究越来越受
到学界以及政府的重视。因此 2000 年以后，随着新材料的运用，关于
广州十三行的研究井喷式涌现，研究成果较多。笔者虽尽目力所及进行
全面梳理，但难免挂一漏万，望各方家批评指正。

一 广州十三行的通论性研究

21 世纪以来，有关广州十三行的历史档案资料陆续地系统性整理、
出版，嘉惠学林。如中国人民大学清史研究所编《清史编年》（中国人
民大学出版社，2000），中国第一历史档案馆编《澳门问题明清档案荟
萃》（澳门基金会，2000），中国第一历史档案馆《清代广州"十三行"

档案选编》(《历史档案》2002 年第 2 期),中国第一历史档案馆、广州市荔湾区人民政府编《清宫广州十三行档案精选》(广东经济出版社,2002),胡巧利主编《广东方志与十三行——十三行资料辑要》,(广东人民出版社,2014)。在通论性研究方面,中外文献综合运用,从梳理十三行发展时间脉络,到十三行内部人员、商行等细节研究,覆盖面极广,同时这些研究也重点阐述十三行行商的内部作用以及与各机构之间的相互作用,呈现了史料的复杂性和综合性。

首先,由唐文雅主编的《广州十三行沧桑》(广东省地图出版社,2001)总结了 20 世纪最后二十年具有代表性的文章,对十三行的名称由来、历史地理沿革、商业贸易情况等都有整体性介绍。洪三泰等人共著的《千年国门:广州 3000 年不衰的古港》(广东旅游出版社,2001)以通俗语言从广州得名论述到珠三角经济区的各个方面问题。李国荣、林伟森主编《清代广州十三行纪略》(广东人民出版社,2006)运用浩瀚的文献资料,重构了广州商馆的浮沉历史,并由此一窥当时的中外文化交流状况,揭秘为何清政府会允许十三行作为垄断贸易机构存在。

章文钦《广东十三行与早期中西关系》(广东经济出版社,2009)是十三行研究的一部重要论著。该书从买办的起源、荷兰与广州的贸易往来、一口通商史、中西贸易的管理体制和机制研究等角度切入,拓展了十三行研究领域,极有创见。陈国栋《清代前期的粤海关与十三行》(广东人民出版社,2014)收录的 13 篇专题论文讨论了粤海关与十三行的运行机制、贸易争端的始末等多个热点问题,将十三行问题放在中国近代对外关系史的大背景中进行考察。谭元亨主编《海国商道:来自十三行后裔的历史报告》(人民出版社,2014)则是以十三行后人的视角,重新审视从唐宋到清朝海商的历史,并且试图从一个与以往不同的视角来看待这些民商,厘清其行为动机。随后,他在次年出版的《广州十三行——明清 300 年艰难曲折的外贸之路》(广东经济出版社,2015)中着重归纳了广州十三行 300 年间的八个转折点,认为这些重大历史转折是整个十三行研究的关键所在，同样也是解释由禁止到开放再到限制这一政策转变的关键。2021 年，谭元亨又出版了《十三行史稿——海上丝绸之路的一部断代史》（中山大学出版社）。该书分为上中下三册，系统梳理了广州十三行在各历史时期不同层面的重大问题，发掘出大量新史料。

在十三行综合性研究丛书中，"十三行学术丛书"无疑是近年来最权威的成果之一。该丛书的首部著作《广州十三行研究回顾与展望》（广东世界图书出版公司，2010）是 2009 年"广州十三行研究回顾与展望"学术研讨会之后，对过去十三行研究中的重要文献做的系统性总结。赵春晨、冷东主编《十三行与广州城市发展》（广东世界图书出版公司，2011）对广州十三行与广州城市发展关系进行了深入的研究，揭示了十三行对岭南文化的影响，而岭南文化又体现在城市化的发展进程中，全书着眼于十三行在岭南文化的血脉传承以及广州城市发展中的不可替代的作用。冷东、金峰、肖楚熊共著的《十三行与岭南社会变迁》（广州出版社，2014）一书，把十三行与岭南社会结合起来，考察了 17—19 世纪十三行对岭南社会变迁的作用，以直接推动岭南社会现代化历程的具体事实作为主要依据，研究岭南社会近代化历程的特殊性，论述其变迁。另外，赵春晨、冷东主编《广州十三行历史人文资源调查报告》（广州出版社，2012）和《广州十三行与清代中外关系》（广东世界图书出版公司，2012）都是从文化遗产、建筑史等侧面切入十三行的研究，为后人更进一步的研究做好了基础性工作。

二　广州十三行的专题研究

广州十三行的研究涉及面广泛。在清政府实行行商垄断的对外贸易制度之后，鸦片战争前，规定外商只能与十三行进行贸易，因此十三行在中国对外贸易史上占有重要地位；广州也是清朝时期世界贸易体系的中心城市和中外文化交流的桥梁、纽带，它又涉及了中国近代史、中西关系史、鸦片战争史等领域，但全面概述式的研究很难做到巨细靡遗。在这一情况下，学者更偏向于专题考证，从某一方面入手，细致深入地挖掘其背后机理。

（一）广州十三行制度层面研究

制度方面的研究，既承袭了 20 世纪的一些经典话题，如十三行的名称来源、兴盛衰落的原因，又开拓了新的关注点，如文书制度对广州十三行的影响、行商制到买办制的变迁历程、近代海关报关制度的演变等。

首先，"十三行"一名的由来仍是讨论的热点话题。对"十三行"名称来历的研究可以上溯到 1937 年梁嘉彬的《广东十三行考》，他认为十三行是一个对外贸易群体的称呼，在明代就有"三十六行"。徐新吾、张简《"十三行"名称由来考》（《学术月刊》1981 年第 3 期）从行商的职能来探索"十三行"名称的由来。进入 21 世纪后，赵立人《论十三行的起源》（《广东社会科学》2010 年第 2 期）从屈大均的《广州竹枝词》推断，从明代至清初海禁解除之前，十三行商人亦被称为"客纲客纪"和"揽头"。他们既是贸易主体的一部分，也作为监管者的角色存在，而开放海禁后贸易口岸的转移是因为葡萄牙人的推动。章荣玲《从清宫档案探讨"十三行"名称的含义》（《岭南文史》2018 年第 3 期）结合清宫档案及其他文献记载，探讨了"十三行"名称的含义。冷东、罗章鑫《"外洋会馆图记"之发现暨"十三行"正名考》（《古代文明》2018 年第 3 期）受 2017 在英国找到的"外洋会馆图记"印记启发，认为"外洋行"是"十三行"的正名，而"十三行"其实是一个地理概念，作为制度和组织始于 1760 年。总之，关于"十三行"的名称一说，学界尚未见最终定论。综合而言，大致有如下几类说法：日本学者根岸佶认为是因当时总共有十三个商行，徐新吾与张简推证"十三行"命名或是由十三夷馆而来；但也有学者如章荣玲批驳此说法，认为与当时的行商数、夷馆数无关，而是与当时清朝规定的行商数相关；也有认为是延续明朝的习惯说法，梁嘉彬就认为在明代就有该说法，只不过是"三十六行"而不是"十三行"，吴晗在评《广东十三行考》时，也赞同梁嘉彬的此观点；或谓"十三行"只是个地理概念，此说法有冷东等学者支持；亦有学者认为是约定俗成的名称，并无特殊的含义，彭泽益则代表了这一观点。各学者根据材料的不同，对"十三行"名称的考订途径亦不尽相同。

其次，十三行的兴衰史也是学界的关注点之一。李金明《广州十三行：清代封建外贸制度的牺牲品》（《广东社会科学》2010 年第 2 期）是从国家的勒索、自身的能力以及外部的冲击这几个方面探讨十三行的衰落。朱腾伟《清朝广州十三行法制研究》（法律出版社，2020）认为十三行根据对外贸易发展的潮流相应地做出过调整改变，但在各方因素的综合作用下，还是未能让贸易自由发展，在大方向上并未与近代化大势一致，也就使十三行最终被时代所抛弃。

最后，对十三行体制的演变以及内在运行机制的分析同样也是研究重点。行商制度以及随后的买办制度都与粤海关密不可分，不少研究以经济学的理论追溯它们之间继承与发展的关系，将重心从十三行体制内部结构和外贸通商转向对各类机构机制的分析，例如连带互保制度、海关制度、文书制度和邮递制度、报关制度等。刘勇《1760 年西方商人对设立公行的抗议》（《南洋问题研究》2010 年第 2 期）探讨了广州十三行成立贸易垄断联合机构——公行之后，西方各国大班如何协调彼此意见，以及如何与行商及地方官交涉来应对公行的设立等问题。吴庆《广州十三行连带互保制度的经验和教训》（《调查研究报告》2007 年第 61 期）总结清政府管理广州十三行的经验和教训，并希望能给当前中国存款保险制度的研究提供参考。葛富锐《现代银行业的中国基石——广州十三行担保制度与银行存款保险的起源（1780—1933）》

（中国金融出版社，2020）从联保制度的起源和清朝内务府官员如何将之用于宫廷垄断产业入手，对 18 世纪到 19 世纪广州十三行的担保制度进行了全面剖析，认为十三行保商制度是现代保险业务的雏形。冷东、吴东艳《黄亚胜档案与清代文书制度》（《西南大学学报》2014 年第 5 期）根据案件遗留下来的档案探讨了清朝的文书制度。

（二）广州十三行经济外贸层面研究

广州十三行是清朝重要的对外贸易机构，它最重要的职能还是贸易一途。在这方面国内的研究出现了一系列成果，大致可以分为三类。

一是以全球贸易的视角，把广州十三行的兴衰史置于世界经济发展转变的大背景之中。穆素洁《全球扩张时代中国海上贸易的新网络（1750—1850）》（《广东社会科学》2001 年第 6 期）认为 1750—1850 年是全球商业扩张的时代，主张以世界为舞台通过多角度联系的思路研究中国海上贸易史。该文以广州十三行商人为主体，简述华人突破传统的海上活动领域，将贸易网络主动延伸到欧美国家的过程。

二是通过具体的外销货物，例如外销银器、外销画、外销茶等，阐述十三行在对外贸易中的特征、地位以及影响。雷传远《清代走向世界的广货——十三行外销银器略说》（《学术研究》2004 年第 10 期）梳理了外销银器的销售发展历程，从中也可以窥见广州由盛及衰时地位逐渐被上海与香港取代的过程。冷东、肖楚熊《十三行与瓷器加工制造业的发展》（《广州大学学报》2011 年第 10 期）考察了瓷器加工制造业，以凸显十三行在中西贸易中的重要地位和作用。顾书娟《清代广州十三行贸易与广绣发展关系研究》（《学术研究》2018 年第 2 期）将广绣的发展归因于十三行外贸的繁荣，认为在强烈的需求刺激下，广绣开辟了独特的发展道路。

三是利用中外文献，对贸易航道、历史记述及商业遗产等进行考订。章文钦《明清广州对外交通的主要航道》［《广州文博（捌）》，文物出版社，2015，第 121—139 页〕考订了明清广州对外交通的主要航道。王睿《美国"大土耳其"号来华贸易考辨》（《清史研究》2016年第 1 期）考察"大土耳其"号在广州的贸易情形。王元林主编《广州十三行与海上丝绸之路研究》（社会科学文献出版社，2019）则收集了十三行与海上丝绸之路相关专题如炮台、商馆等的研究论文。

（三）广州十三行文化资源开发利用层面研究

深入挖掘文艺作品内涵，回溯十三行的文化生活可以探究社会变革与时代变迁。江滢河《清代洋画与广州口岸》（中华书局，2007）就西洋绘画艺术在中国的传播中与广州口岸的关系，从美术史和思想史等方面揭示出西画东传史中前人认识不足的侧面。谭元亨《十三行的谣谚与小说》（《华南农业大学学报》2009 年第 2 期）通过民间流行的谣谚和小说一窥广州十三行当年的流行文化。

广州是近代中西文化交流的前沿，各种思想文化在此碰撞，使广州有"得风气之先"的城市精神印记。进入 21 世纪，有学者从制约十三行对外文化正常交流这一层面讨论十三行在不同境遇下的变化；或着重研究在中外文化碰撞下，沿海人民心理层面上的变化；亦有从某一角度，如旗帜、绘画、体育等个案来研究其透露出的文化交流与冲突。冷东、林瀚《清代广州十三行与中西文化交流》（《广东社会科学》2010年第 2 期）把十三行商人与同时代的徽商和晋商做对比，认为十三行最受制约，在繁盛的背后有凄凉的景象。祝春亭《一口通商前后广州十三行传教士与西学东渐》（《江西教育学院学报》2010 年第 2 期）认为一口通商阻碍了中外的正常交流，广州十三行成为西学东渐的畸形平台。彭长歆《现代性·地方性：岭南城市与建筑的近代转型》（同济大学出版社，2012）认为，岭南建筑自 16 世纪以来就不断受到西洋建筑文化的影响，发生了异于传统的变革，并按西方模式建构了近代体系。冷东《广州十三行与中西绘画艺术交流》（《广东社会科学》2014 年第

3 期）认为十三行对西方绘画艺术的引进、中国传统绘画技艺的融合创新发挥了重要作用。

体育文化也开始受到学界关注。冷东、阮宏《19 世纪 30 年代广州西方船赛与英美散商的崛起》（《广州大学学报》2015 年第 2 期）透过当时的船赛看到西方散商的实力升降，阐述广州体育活动的发展和传播状况，展现广州在中西近代体育文化交流中的中心地位。

对行商私家园林史的研究角度更加多元，将古今文献与实地田野调查的方法相结合，融入了城市规划与建筑学理论，分析和归纳行商园林的造园布局与艺术特色。潘剑芬《十三行行商潘氏家园"南墅"小考》（《岭南文史》2015 年第 3 期）对潘仕成的"海山仙馆"、潘有度的"南墅"进行细致考察。高伟、卢颖梅《还君明珠——探索历史图像中的广州行商园林》（《中国园林》2015 年第 8 期）从图像学角度对历史图像中的行商园林展开分析。冷东《再议海上丝绸之路中的"办馆"》（《暨南学报》2016 年第 7 期）根据美国"太平洋商人号"商船从澳门发往广州的一批信件中披露的信息，对办馆的时间、范围等进行论述。

有关广州十三行的文化开发保护研究是长盛不衰的主题。深入挖掘城市文化资源，是使城市文化走向公众，增强城市认同感的途径之一，可让大众更好地接受和传播传统文化。在这二十多年的研究分析中，学者注重结合理论对十三行进行文化开发、保护和利用。特别是杨宏烈有关十三行遗址开发、保护和利用的相关研究，对广州泛十三行商埠文化遗址、广州黄埔古村商埠文化建筑遗产、广州十三行历史街区等问题进行了系统论述，其成果形成了完整的体系。此外，学界还有冷东主编《广州十三行文献研究暨博物馆建设》（世界图书出版广东有限公司，2014），杨宏烈、陈伟昌《广州十三行历史街区文化研究》（社会科学文献出版社，2017）等一系列论文集和著作，这些都对十三行重新进入大众视野具有深远影响。

（四）广州十三行人物及其生活层面研究

黄启臣在 20 世纪 90 年代初就广东商帮的地域、社会构成及经营方式做了探索，为进一步深入开展中国商帮史的研究提供了方法上的参考。

对行商的分析集中于潘、梁、卢、伍四家。王丽英《潘振承的成功之道》（《广东史志》2002 年第 4 期）对潘振承的发迹做了考证，以窥其致富之道。潘刚儿、黄启臣、陈国栋编著《广州十三行之一：潘同文（孚）行》（华南理工大学出版社，2006）收集了同文（孚）行潘氏三代大量的史料，揭示行商面临的艰难处境，以及他们在中外贸易中体现出的儒商作风、爱国情怀与民族气概。龙登高《广州十三行百年第一人：潘振承》（《清华管理评论》2016 年第 C2 期）、潘剑芬《广州十三行行商潘振承家族研究（1714—1911 年）》（社会科学文献出版社，2017）等都对潘氏家族进行了研究。黄启臣、梁承邺编著《广东十三行之一：梁经国天宝行史迹》（广东高等教育出版社，2003）介绍十三行之一的天宝行。王丽英《卢观恒的成功之道——广州十三行富商群体个案研究》（《广州社会主义学院学报》2010 年第 2 期）、王静怡《清代十三行行商卢观恒与广利行兴衰初探》（《广州社会主义学院学报》2021 年第 4 期）相继对卢观恒与广利行的兴衰进行探索。邢思琳《广州十三行"德源行"史料之新发现》（《广州社会主义学院学报》2018 年第 1 期）发掘英国收藏东印度公司的档案文献，对"德源行"进行了案例分析。怡和洋行及伍氏家族的研究同样是个案研究的热点之一，其中主要有黄启臣《伍秉鉴：清代前期世界首富》（《岭南文史》2020 年第 2 期）、王健《论广东怡和行伍家商人及其历史作用》（《佛山科学技术学院学报》2022 年第 2 期）等研究。吕长岭、冷东《徽商刘德章家族与清代国际贸易》（周晓光主编《徽学》，社会科学文献出版社，2022，第 168—194 页）对当时十三行中唯一的徽商刘德章家族与东生行进行研究，为徽商文献收集及学术研究提供了新的史料来源。王元林主编的《广州十三行与行商研究》（世界图书出版公司，2023）则从"贸易与商馆研究"、"行商研究"和"外销画、外销瓷与交通研究"三个专题对伍氏、潘氏、申氏等行商家族相关研究论文进行整理。

从行商的人物个案分析进而讨论岭南思想、习俗、文化观。蔡鸿生《清代广州行商的西洋观——潘有度〈西洋杂咏〉评说》（《广东社会科学》2003 年第 1 期）以乾隆年间十三行总商潘有度的 20 首《西洋杂咏》诗为样本，探究清代广州行商的西洋观。民俗文化是了解某一地域社会状况的重要渠道，信仰习俗在日常活动中所表现的"能与不能"则透露出该民俗范围内的人的所思所想。王丽英《浅论广州十三行商人的俗信——以潘家、伍家为例》（《广东社会科学》2011 年第 3 期）以潘家、伍家为例讨论他们的俗信及其对社会的影响。十三行行商的文化信仰禁忌反映了行商对安全、尊重、富贵的渴望，与地区经济、文化传统息息相关。尽管十三行行商湮灭于历史大潮之中，但行商信仰仍然被保留、传承，影响着一代又一代人。

对行商以外的人物研究广泛。广州十三行不仅有行商，还有外商、买办、挑夫、疍家人等等，他们共同组成了 18 世纪广州的贸易画卷。郭德焱《清代广州的巴斯商人》（中华书局，2005）在中外学者梁嘉彬、郭廷以、迈克尔·格林堡（Michael Greenberg）、本杰明（N. Benjamin）等人研究的基础上，阐述清代广州口岸巴斯商人的活动及其特点。孔佩特《广州十三行——中国外销画中的外商（1700—1900）》（商务印书馆，2014）对中国外销画作品中的外国人及其洋行的活动进行了梳理。梁碧莹《美国人在广州（1784—1912）》（广东人民出版社，2014）挑选了一些典型的、有影响的美国人作代表，做了专题研究。对行商以外人物研究的拓展表明学界更多地从第三方的独特视角解释十三行的发展。

结　语

　　广州十三行一直是我国学者研究中国对外贸易史、海关史、中外文化交流史的重要议题。进入 21 世纪以来，关于十三行的研究无论是通论性的还是专题的，在研究数量以及研究层面上都有很大的发展，涉及政治制度、经济外贸、文化发展、人物考究等各个领域，呈现欣欣向荣的研究态势。这当然与国家的大力提倡、学界的重视密不可分。2000 年以后出版的涉及十三行话题的著作、论文、期刊占十三行百年研究的半数以上，内容从十三行本身的制度体制考量、行商的个案研究，到贸易流动、文旅变迁、遗址开发，几乎覆盖了整个十三行领域，反映出十三行不仅是岭南地区的特色学问，更是关系到中国和世界发展变化的重要因素，十三行史是中国近代化史、世界全球化史不可或缺的一部分。

　　学术界并不局限于十三行本身的研究，及其对岭南或是对中国的影响，而是着眼于世界大局，把世界的发展状况以及潮流融入十三行的考究当中。传统研究多以平视的角度观察，侧重于叙述与历史的还原和重构。进入 21 世纪后，学界通过俯视角度，使十三行的形象变得立体许多，侧重于从重构当中审视十三行在世界政治经济网络中所处的位置，以及它对后世的影响。而且国内外的跨学科方法使研究方法更为多元，学科交叉的趋势越发明显，并且受到时代潮流影响。

　　学界对十三行的传统看法是类似买办的"闭关自守的产物"，持偏负面的态度，认为其衰落与鸦片战争、清廷腐败有关。现有研究早已摆脱了此类思维窠臼，对十三行的评判从不同维度进行深入，但也有研究薄弱的领域。如十三行商人是对当时在广州口岸进行贸易往来的商行的统称，但对人物专题的论述仅限于少数几家，如伍氏、卢氏、潘氏，还有更多的行商值得挖掘、探索。对这些行商的细致研究，更可以让我们一窥在清朝变革时代精英的处境，他们的事迹更能体现出时代的变迁，对于我们了解近代史、海关史、对外交往史都大有裨益。此外十三行的研究还面临研究方法单一，借鉴国外先进理论方法的著作少；翻译外文文献数量不足，且多集中在传教士、外销画领域；对一些重要问题尚有争论，如十三行的名称起源、行商的历史地位、十三行与清政府的关系等困境。广州十三行研究历史已逾百年，是带有浓厚的岭南地方性的学术，但它同样也是中国近代化，尤其是对外贸易进程中的重要一环。

2023年度中国西南边疆史研究进展及述评[*]

张楠林[**]

中国西南边疆，这一地理位置独特、文化多样的地区，自古以来就以其独特的魅力吸引着无数学者的目光，其丰富的历史文化遗产也是我国统一多民族国家历史的重要见证。2023年，国内外的学者仍旧对该地区的历史文化给予了高度关注，公开出版、发表的高质量论著共计70余部/篇。

一 政治与边疆治理

由于其独特的地理环境和复杂的民族构成，西南边疆地区的政治制度与治理策略更多的是多元文化交融和冲突的结果。因此，针对不同历史时期国家在该地实行的治理制度及其运作机制的研究，是我们深入理解中国历史多样性、复杂性和演变过程的重要突破口。这也是学界长期关注的热点话题之一，2023年出版、发表的研究成果中与之相关的仍极为丰硕。

方铁的《南诏大理国兴衰史》一书全面阐述了南诏、大理国崛起、兴盛与衰亡的过程，以及它们的社会经济发展和历史地位。[①] 李宇舟介

---

* 本文是中国社会科学院"登峰战略"优势学科"中国边疆史"（DF2023YS20）的阶段性成果。

** 张楠林，中国社会科学院中国边疆研究所助理研究员。

① 方铁：《南诏大理国兴衰史》，岳麓书社，2023。

绍了云南在汉晋时期的政区设置及相应的城镇发展。[①] 陈乐保考察了作为少数民族部落兵的羌蛮子弟，并分析其在唐代西南边疆经略中的作用。[②]

　　土司制度依旧是分析明清时期西南边疆政治社会态势的重要角度。陈文元致力于重新审视明代改土归流的意义。[③] 另有数位学者开始关注土司地区在改土归流前后基层管理组织的变化。孙剑伟以广西上思州和养利州为个案进行分析，发现明清时期里甲制度在广西改土归流地区的实施范围有限。[④] 张楠林则分析了明清时期云南在普遍实行"土流并治"管理模式的情况下，当地里甲名色和赋税征收标准的制定过程，认为土司地区在改土归流之后，流官仍会充分尊重甚至倚赖原土司的管理传统，将其作为构建新治理秩序的重要基础。[⑤] 耿金探析了明清时期云南"牛丛"组织形成的社会背景及基层社会运行实态。[⑥] 杨军、徐超认为，清代将内地行政型基层社会组织推行至云南民族地区，致使内地行政型基层社会组织与民族传统型基层社会组织相互交融重构。[⑦] 苍铭、邓平指出，在改土归流后绿营兵控制了广西边境，并在军事日常驻防中与土司、土目、土民共同推进区域社会的治理，形成了常规的军事政治管理机制。[⑧]

---

① 李宇舟：《云南汉晋时期政区设置与城镇发展研究》，光明日报出版社，2023。

② 陈乐保：《唐代剑南羌蛮子弟与西南边疆经略——兼论羌蛮子弟与城傍子弟之异同》，《中国史研究》2023 年第 2 期。

③ 陈文元：《国家治理与制度规范：明代改土归流意义审思》，《中南民族大学学报》2023 年第 7 期。

④ 孙剑伟：《明清时期里甲制度在广西改土归流地区实施情况研究——以上思州和养利州为重点》，《昆明学院学报》2023 年第 2 期。

⑤ 张楠林：《明清时期云南"土流并治"管理模式与边疆治理逻辑》，《云南社会科学》2023 年第 3 期。

⑥ 耿金：《明清西南地区"牛丛"问题研究》，《中国边疆史地研究》2023 年第 3 期。

⑦ 杨军、徐超：《清代云南民族地区基层社会组织变迁及动因》，《贵州民族研究》2023 年第 5 期。

⑧ 苍铭、邓平：《军政管理与地方治理：清代广西的内地化研究》，《中央民族大学学报》2023 年第 3 期。

　　此外，朱莉·贝勒马尔（Julie Bellemare）通过考察在中国西南各省出现的一系列彩云和发现彩色矿物的事件，思考这些自然现象在雍正时期的政治含义。[①] 任建敏分析了明中后期桂东兵堡的创设与运作，认为土兵以地方编户与瑶僮人群之间的矛盾为契机，在官府征剿后在本地定居成为堡兵，瑶僮的土地也成了堡田。[②] 对于清代广西堡兵制度，任建敏进一步认为地方官府通过"清查造册""另立军田户名""给予印照管业""承田充兵"等一系列制度进行管理，以求实现"寓兵于农"的效果。[③] 唐晓涛通过对清代俍兵档案、刑科题本和俍目粮户凭照等官私文献的分析，指出清代俍兵俍人并未消失，不过因制度和管理方式变化有了多样化发展。[④] 丁存金认为云南各兵备道管辖范围在不同时期有所调整，兵备道与分巡道和分守道辖区有交叉重合，但职权不同，各道之间往往协作治理地方。[⑤] 张楠林对清缅战争中清朝拨解军马的数量、主要来源、拨解过程和军前管理等内容进行考察，揭示了清朝在遭遇边疆危机时的资源调度和军事动员能力。[⑥] 付永杰则关注清代流官在西南瘴气盛作地区任职时的求生方式以及清朝的应对策略。[⑦] 至于清朝、民国政府与周边国家的边界变迁，段红云、戴龙辉以渠那区域为例，认为该地的边界变迁突出反映了清初以中国为主导的藩属体系下和清末以西方列强为主导的条约体系下中国由"天下"到"国家"，边疆地区从

---

①　Julie Bellemare, "Ortai, the Yongzheng Emperor, and the Multicolored World of China's Southwestern Frontier,"*Journal of Chinese History*, Volume 7, Issue 1, January 2023, pp. 101–124.

②　任建敏：《桂林透江堡文书所见明中后期广西兵堡的建立与运作》，《昆明学院学报》2023 年第 2 期。

③　任建敏：《兵民之间：清代广西堡兵制度的因革与调适》，《清史研究》2023 年第 6 期。

④　唐晓涛：《俍兵并未消失：清代俍兵俍田的制度与实践》，《清史研究》2023 年第 6 期。

⑤　丁存金：《明代云南兵备道研究》，邢广程编《中国边疆学》第 17 辑，社会科学文献出版社，2023，第 327—344 页。

⑥　张楠林：《清缅战争中清朝军马之拨解与管理》，《军事历史研究》2023 年第 3 期。

⑦　付永杰：《避瘴保命——清代瘴区官员的求生及清廷的应对》，《古代文明》2023 年第 3 期。

"疆域"到"疆界"的转变过程。① 陈维新则关注光绪时期中法滇越之间的边界交涉。② 夏帆则从民国政府 1929 年与 1942 年两度编绘指导有关滇缅北段未定界地图等内容出发，分析民国政府的疆界观。③

近代西南边疆治理的相关研究基本集中在边疆危机、地方社会政治矛盾、央地关系等方面。彭涛肯定了蔡锷的"治滇"功绩，认为其使革命后的云南快速恢复秩序。④ 王梓杨在详细梳理云南边疆危机和川滇"援藏西征"来龙去脉的基础上，认为地方中心主义思想盛行、中央政府势弱、国际形势不利等因素的相互交织，使清末民初中国的边疆问题日趋复杂。⑤ 李淑敏认为，中央与地方政府的权力角逐、边地土流矛盾以及外务压力，使云南殖边督办公署推行边地行政与开展边务建设受到多方掣肘。⑥ 赵海涛分析了近代广西航政管理权演变的脉络，着重考察其背后的利权纠葛及央地关系走向。⑦ 至于民国西南边疆的地方势力与中央政府间的政治博弈，贺江枫探讨了蒋介石依靠财政经济手段撬动西南政局、促使桂系政治态度转变的历史过程，⑧ 此外，他还进一步展现了桂系在两广事变过程中面临的现实困境以及在和战选择过程中的犹疑与踌躇。⑨ 段金生分析了 1913—1927 年国民党在云南的发展和组织形

① 段红云、戴龙辉：《从"疆域"到"疆界"：清代渠那区域边务纠纷与边界变迁》，邢广程编《中国边疆学》第 17 辑，第 345—366 页。
② 陈维新：《光绪时期中法滇越边界交涉——以台北"故宫博物院"典藏滇越段边界条约档案为中心》，《历史地理研究》2023 年第 3 期。
③ 夏帆：《从地图编绘指导看民国疆界观——以滇缅北段未定界为中心》，《中国边疆史地研究》2023 年第 3 期。
④ 彭涛：《"安边"与"谋边"：西南边疆治理视角下蔡锷治滇实践研究》，《东北师大学报》2023 年第 3 期。
⑤ 王梓杨：《"援藏西征"：云南主动解决边疆危机的尝试——兼论西征过程中交织的合作、矛盾和利益》，《中国藏学》2023 年第 2 期。
⑥ 李淑敏：《民国时期云南边地行政与边务建设研究——以殖边督办公署为中心》，《中央民族大学学报》2023 年第 2 期。
⑦ 赵海涛：《主权·治权·利权：海关、中央、地方的权利博弈与近代广西航政管理权嬗变》，《湖北大学学报》2023 年第 2 期。
⑧ 贺江枫：《财政困局下桂系的生存逻辑（1931—1936）》，《历史研究》2023 年第 3 期。
⑨ 贺江枫：《地缘政治与利益冲突：桂系与两广事变》，《广东社会科学》2023 年第 6 期。

态，认为由于其本身内部分歧较多，加之云南地方执政者对国民党的抵制，其发展长期陷入低谷。① 此外，段金生以全面抗战爆发后的历史脉络为主导，对蒋介石、龙云在政治、军事诸方面的合作与博弈进行勾勒，从整体上呈现在国家危难的历史情境下西南边疆区域复杂的政治面向。② 陈克清则重点讨论了近代中央政府对云南治理的历史演进及政治逻辑。③

二 经济与社会发展

考古材料已成为分析西南边疆早期社会结构、经济形态、生产技术的重要依据，得到学界的重视。李昆声在《云南青铜时代》一书中总结了云南青铜时代的三个发展阶段，以及每个阶段的代表性或标志性青铜器及其年代、特征、渊源和文化关系。④《亚洲视角》（Asian Perspectives）发表了一篇关于云南个旧黑马井墓地的论文，认为云南个旧地区在汉代就已是中国重要的金属和矿石产区，并且可能在汉代西南边疆拥有完整的产业链。⑤《考古学与人类学科学》（Archaeological and Anthropological Sciences）也发表了一篇通过 2016 年云南河泊所发掘的植物考古遗存来分析汉代西南边疆粮食生产和农业系统的论文，证明当时西南边疆地区存在较高水平的水资源管理制度甚至灌溉技术，以及随之

---

① 段金生：《改组、政局与发展：1913—1927 年中国国民党在云南的组织形态》，《清华大学学报》2023 年第 2 期。
② 段金生：《全面抗战时期的西南边疆区域政治：以云南为中心（1937—1945）》，《贵州社会科学》2023 年第 9 期。
③ 陈克清：《论近代中央政府治理云南的历史演进及政治逻辑》，《中国边疆史地研究》2023 年第 2 期。
④ 李昆声：《云南青铜时代》，云南大学出版社，2023。
⑤ Li Yingfu et al., "A Metal Production Center on the Southwest Frontier of the Han Empire: An Archaeometallurgical Study of the Heimajing Cemetery Site in Gejiu, Yunnan Province, China," *Asian Perspectives*, Volume 62, Number 1, 2023, pp. 77-96.

而来的集约化农业。① 张海超、牛付帅则对南诏大理国的棉布生产与贸易活动进行重新梳理。② 郑晓云、罗开艳以滇池流域水利建设为例，探讨元朝边疆水利建设的背景、成就、特点及其对边疆治理的影响。③

对明清时期西南边疆经济开发、社会管理的研究成果突出。胡宸分析了明代西南大木采办的组织方式和经费筹集渠道。④ 陈丽丽认为云南地区与江南、福建等地一样，从明代中后期开始土地交易中就普遍存在"找价"现象。⑤ 任建敏认为在地方官府、卫所、编户与瑶僮各有盘算的情况下，广西自洪武末到永乐中开始大量出现的编户流失现象，成为各方势力博弈的一个均衡点。⑥ 马健雄认为，清朝的国家体制并不是简单地以坝区水稻农业为政治经济基础的政治体系，国家通过实行差异性和多样化的财政政策和行政体制，积极推动山区与坝区社会之间的有效整合。⑦ 李培娟关注云南东川府的矿藏开发，及在这一过程中"夷民"、移民、地方官员、彝族土目等各方势力展开的互动关系。⑧ 龙小峰认为广西在清代已有许多少数民族被纳入王朝的户籍管理系统，官方根据少数民族的居住形态和编户形式分别采取了不同的统计和汇总方式。⑨ 随后，龙小峰估算得出，嘉庆二十五年广西的民族人口约为 378 万，约占

---

① Wei Yang et al. , "Food Production and Agricultural Systems on the Southwestern Frontier of the Han Empire: Archaeobotanical Remains from the 2016 Excavation of Hebosuo, Yunnan, " *Archaeological and Anthropological Sciences*, Published: 04 May 2023.

② 张海超、牛付帅：《试论南诏大理国的棉布生产与贸易》，《中国社会经济史研究》2023 年第 2 期。

③ 郑晓云、罗开艳：《元初滇池流域水利建设与边疆治理》，《云南师范大学学报》2023 年第 3 期。

④ 胡宸：《明代西南大木采办的组织运作与经费筹集》，《中国社会经济史研究》2023 年第 2 期。

⑤ 陈丽丽：《明清云南土地交易中的"找价"问题研究》，《原生态民族文化学刊》2023 年第 3 期。

⑥ 任建敏：《明前期广西编户人口流失的根源与后果》，《中山大学学报》2023 年第 3 期。

⑦ 马健雄：《十八世纪云南的田赋政策与坝子社会的整合》，《清史研究》2023 年第 6 期。

⑧ 李培娟：《清前期西南矿区"夷民"的生存策略与边疆秩序——以东川府为中心》，《原生态民族文化学刊》2023 年第 6 期。

⑨ 龙小峰：《清代广西少数民族的户口统计与汇总制度研究》，《民族研究》2023 年第 4 期。

全省总人口的 39.7%。① 罗勇则以永北直隶厅为例，分析清代云南垦荒移民政策与山地社会的重构。② 吴晓亮、段艳萍关注清代云南管业执照规范化与制度化的过程，认为其中深藏着边疆与内地一体化的制度设计和边疆社会秩序构建中官民互动协作的现实选择。③ 明清时期西南边疆的盐业制度发展也取得了一定的进展。李梦圆以云南五井盐课提举司的兴废变迁为脉络，探讨了盐课提举司如何有效管理土流关系复杂的滇西地区等问题。④ 马琦、张学聪梳理了清代滇盐产销布局演变，进而分析产销布局的时空演进过程及原因。⑤ 陈海立认为自雍正以来，鄂尔泰、郝玉麟提出了在土司地区进行低价盐供应的设想，并在鄂弥达余盐改革中予以落地，形成了"余盐府销"的特殊制度。⑥

　　近代西南边疆的手工业、经济贸易、地方财政等问题是学界关注的重点。熊元彬认为云贵近代手工业经历了洋纱入滇黔以易鸦片的双向贸易、战时手工业畸形繁荣以及战后解放战争时的恢复正常三个阶段。⑦ 王明东认为开埠通商成为近代云南国际、省际、省内市场体系重构的外部推力，通商口岸与交通干线要冲城市联通形成社会经济要素流动轴线。⑧ 孙歌对中英围绕滇缅公路修筑展开的交涉以及英国政府的决策经过加以探讨，并进一步揭示战时多面而复杂的中英关系。⑨ 曹寅梳理了

---

① 龙小峰：《清中期广西民族人口数据的重建》，《中国历史地理论丛》2023 年第 3 期。

② 罗勇：《清代云南垦荒移民政策与山区社会重构——以永北直隶厅为例》，《中央民族大学学报》2023 年第 4 期。

③ 吴晓亮、段艳萍：《"以期管业"与"遵额纳粮"：清代云南乡村社会秩序建构中的官民互动》，《思想战线》2023 年第 5 期。

④ 李梦圆：《明朝盐课提举司的地方运作与制度变迁——以云南五井盐课提举司为例》，《中国边疆史地研究》2023 年第 3 期。

⑤ 马琦、张学聪：《清代云南食盐产销布局变迁研究》，《云南大学学报》2023 年第 1 期。

⑥ 陈海立：《低价管制：清前期广西土司地区的食盐运销制度》，《原生态民族文化学刊》2023 年第 3 期。

⑦ 熊元彬：《论云贵战时手工业的兴起及其畸形繁荣》，《重庆大学学报》2023 年第 2 期。

⑧ 王明东：《解构与重建：开埠通商对近代云南经济发展影响》，《学术探索》2023 年第 3 期。

⑨ 孙歌：《全面抗战爆发后中英修筑滇缅公路交涉》，《抗日战争研究》2023 年第 3 期。

1860 年代至 1940 年代英国商业机构想象、规划以及最终拒绝修建滇缅
铁路的历史过程。① 毕学进、马金华通过对近代云南档案、报刊及其他
已刊未刊资料的爬梳，指出唐继尧主滇时期，云南省先后发行随粮公
债、护国公债、靖国公债等 1700 万元内债，但民众无力认购，募款寥
寥。② 董世林、刘鸿燕分析了民国时期云南地方财政资金的主要来源，
并试图对预算内收入增加的主要措施和预算外资金的促收方法进行
整理。③

　　此外，环境史、灾害史研究也有一定的成果。周琼认为明清时期边
疆民族地区环境灾害的发生随着开发的深入日趋频繁，地方的环境保护
逐渐形成了官方法制及民间法制共存互补的二元环保机制。④ 郭艺淑、
殷淑燕则基于《中国三千年疫灾史料汇编》中民国卷的全国疫灾史料，
提取整理出西南地区各县域逐年疫灾发生的时间序列并使空间分布可
视化。⑤

三　民族与国家认同

　　西南边疆地区的民族与国家认同研究一直是历史学领域的重要课
题。对于杨斌《流动的疆域：全球视野下的云南与中国》一书，继
2022 年李大龙、潘先林等人对其进行集中商榷之后，学界的讨论热度

---

① 　Yin Cao, "The Yunnan-Burma Railway, 1860s-1940s: Imagining, Planning and Rejecting a Railway that was Never Built," *Journal of Southeast Asian Studies*, Volume 54, Issue 2, June 2023, pp. 298-315.

② 　毕学进、马金华：《唐继尧时期云南省政府内债考》，《中国经济史研究》2023 年第 1 期。

③ 　董世林、刘鸿燕：《明增与暗补：民国时期云南地方财政资金的运筹》，《云南社会科学》2023 年第 3 期。

④ 　周琼：《西南边疆环境史上官民互补环保机制研究——以清代云南二元环保模式为例》，《史学集刊》2023 年第 2 期。

⑤ 　郭艺淑、殷淑燕：《民国时期西南地区疫灾分布格局及与气温变化的关联性研究》，《中山大学学报》2023 年第 3 期。

依然不减,《清史研究》①、《历史评论》均先后发表相关书评,其中,刘永刚认为:"杨著……有意无意附会了西方的战争扩张和帝国殖民经验,忽视了中国疆域形成的自身逻辑。"② 不过,该书在 2023 年更名为《季风之北彩云之南:多民族融合的地方因素》,重新翻译出版。③ 段丽波、杨泽宇从多个维度分析了唐宋时期的西南民族关系。④ 方天建认为在木氏土司汉文文学作品中,碑刻之作集中反映了木氏土司诚心报国、功勋报国和世代报国的精忠情怀。⑤ 任建敏以广西东部(尤其聚焦于明代广西桂林、平乐、柳州三府范围)为中心,探讨明代前期这一区域"动乱"的性质、明王朝治理政策的演变及其对民族分布格局的影响。⑥

朱敏、李兵认为《滇省夷人图说》以绚丽色彩、变化的线条、丰富的场景、精简的文字等构成的视觉图像展现了清朝多民族大一统的盛况,反映了清朝嘉庆年间云南各少数民族交往交流交融的历史。⑦ 苍铭、邵凡晶则对国家博物馆、哈佛燕京图书馆、傅斯年图书馆所藏三种"滇夷图"的图像真伪、绘制年代进行考订,试图弄清它们的来源与关系。⑧ 习建勋从东巴古籍传统这一视角出发,分析滇川藏交角区域呈现

---

① 成一农、孙波:《评杨斌〈流动的疆域:全球视野下的云南与中国〉》,《清史研究》2023 年第 5 期。

② 刘永刚:《二元疆域观不是研究中国的可取之道——评〈流动的疆域〉》,《历史评论》2023 年第 2 期。

③ 〔新加坡〕杨斌:《季风之北彩云之南:多民族融合的地方因素》,韩翔中译,广西师范大学出版社,2023。

④ 段丽波、杨泽宇:《从"聚焦"到"延展"——唐宋时期西南民族关系的多维研究与反思》,《云南社会科学》2023 年第 4 期。

⑤ 方天建:《明代云南木氏土司碑刻中的报国情怀》,《民族文学研究》2023 年第 5 期。

⑥ 任建敏:《明前期广西东部的"动乱"性质、治理策略与民族分布格局的变动》,《中央民族大学学报》2023 年第 5 期。

⑦ 朱敏、李兵:《〈滇省夷人图说〉对中华民族共同体意识的政治想象和图像表征》,《西南民族大学学报》2023 年第 8 期。

⑧ 苍铭、邵凡晶:《清代"滇夷图"溯源——国家博物馆、哈佛燕京图书馆、傅斯年图书馆所藏"夷人图"关系考释》,《民族研究》2023 年第 1 期。

出的多民族文化区域性交流、交往与交融而触生的面向。① 黄秀蓉、潘源利用清至民国时期的各类文献资料，对滇黔毗邻区花苗群体形象建构与国家认同进行分析，指出"滇黔毗邻区花苗群体形象的历史演变与多维呈现，其国家认同情感的逐渐强化，展现了滇黔毗邻区花苗群体伴随王朝国家向现代国家转型的演变过程"。② 罗彩娟、黄爱坤认为由于中国近代社会背景复杂，广西各民族交往交流交融的进程受到多种因素影响，呈现出鲜明的时代特点。③ 刘鹏翔认为哈尼族在族源叙述中强化与中华民族在血缘上的同一性，在民族迁徙史叙述中呈现与中华民族在地缘上的同一性，在本民族发展史叙述中构建起与中华民族在精神上的同一性。④

四　教育与文化交流

钟乃元认为明代的文治教化政策在粤西流官统治区与土司地区二元政治格局中取得了突破性进展，粤西整体逐步"向化"，是中华民族共同体进程中的典型。⑤ 蔡亚龙以永昌地区为例，认为明朝在边疆地区推行儒学以教化百姓为起点，且政策灵活、形式多样，最终取得了改易风俗、发展文教的多重效果。⑥ 覃延佳、王越平通过考察明清时期的云南

---

① 习建勋：《互音互读：多民族文化区域性交融触生的东巴古籍传统》，《云南社会科学》2023 年第 6 期。

② 黄秀蓉、潘源：《清至民国滇黔毗邻区花苗群体之形象建构与国家认同》，《中国边疆史地研究》2023 年第 3 期。

③ 罗彩娟、黄爱坤：《聚与合：近代广西各民族交往交流交融的历程与启示》，《广西民族研究》2023 年第 4 期。

④ 刘鹏翔：《西南边疆少数民族历史叙述中的中华民族共同体意识——以哈尼族为例》，《中南民族大学学报》2023 年第 6 期。

⑤ 钟乃元：《从"孔子居夷"到"俗比邹鲁"——明代粤西文治教化路径的文学书写》，《文史哲》2023 年第 1 期。

⑥ 蔡亚龙：《明代边地儒学教育体制变迁与政治一体化进程——以云南永昌地区为中心的考察》，《中央民族大学学报》2023 年第 5 期。

学宫和学田制度，指出以学宫为中心的官学体系不仅为云南士人走向国家舞台提供了通道，同时也成为边疆地区士绅阶层形成的摇篮。① 毋利军认为通过转变出身、建学立庙、派遣子弟入学和参加科举、制造认同和区隔，桂西土司在明清时期逐渐地将自身从本地土酋转化成"汉人士绅"；在士绅文化借助道教继续向下渗透的同时，底层土民也就借由道教来"模仿士绅"。② 马亚辉认为清朝政府基于对文化治理功能的认知，在西南边境土司地区施行文化润边理念，以增强土司的服从意识与国家认同。③

在近代西南边疆文化教育方面，宋泉出版了《抗战时期桂林文化供应社研究（1939—1945）》一书，从大文化的视野来考察非常态环境下的出版个案，研究出版事业形成和发展的历史条件及具体过程，出版机构的组织管理，出版同人的思想贡献，出版物的内容、类型、品质和数量，以及在抗战文化传播中取得的业绩成果，等等，体现了作为传播媒介组织的桂林文化供应社在抗战出版史上的"地方性"、"政治性"和"进步性"等特征。④

五　学术会议和学术交流

2023 年 10 月 20 日至 23 日，第十一届中国土司制度与土司文化学术研讨会暨首届中国土司研究青年论坛在黔南民族师范学院召开。该次会议由中华炎黄文化研究会土司文化研究分会与黔南民族师范学院主

---

① 覃延佳、王越平：《华夷之间：明清时期云南学宫的设置、传承机制及其象征意蕴》，《民俗研究》2023 年第 5 期。
② 毋利军：《儒学与道教：明清桂西土司社会的双层"士绅化"》，《青海民族研究》2023 年第 1 期。
③ 马亚辉：《文化润边：清朝西南边境土司地区儒学教育的国家视野》，《广西民族研究》2023 年第 3 期。
④ 宋泉：《抗战时期桂林文化供应社研究（1939—1945）》，广西人民出版社，2023。

办，黔南民族师范学院历史与民族学院等单位承办。11 月 4 日，由中央民族大学历史文化学院、国家民委 "一带一路" 国别和区域研究中心——缅甸研究中心主办的 "西南边疆与周边国家历史" 青年学人研讨会在中央民族大学举行，来自国内十余所高校和科研院所的 30 余位青年学者参加会议。会议以共同体意识视域下的西南边疆与周边国家历史为主题分设四组研讨。11 月 18—19 日，由复旦大学历史地理研究中心举办的 "元明清西南民族与边疆史地国际学术研讨会" 在复旦大学举行，来自中国社会科学院、复旦大学、南京大学、中山大学等多所高校和科研机构的中外学者 50 人与会交流。会议主题为探讨元明清时期西南民族交往交流交融下多元一体的形成以及对边疆地区 "大一统" 国家制度与治理进行历史地理考察。

此外，云南大学历史与档案学院继续举办 "西南学探索工作坊"。2023 年 2 月举办第九届，主题为 "明清西南土司地理与边疆地方治理"；9 月举办第十届，主题为 "无问南北：明清边疆基层社会演进与国家统合"。来自中国社会科学院、中山大学、四川师范大学等多所高校和科研机构的数十位学者参与研讨。中国社会科学院中国边疆研究所西南边疆研究室举办 "边疆治理的历史经验与现实需求：西南和西北的对比分析" 座谈会，邀请了中国社会科学院、中山大学、云南大学等多所高校和科研机构的 20 余位学者参与研讨。

六　研究特点与展望

2023 年，西南边疆历史的研究成果较为丰富，研究议题广泛，观点基本扎实可靠，稳步推进了相关领域的基础性研究。具体而言，这些研究呈现以下几个重要特点。

其一，跨学科交叉研究不断增多，特别是历史学与考古学、民族学的相互借鉴和融合趋势明显。早期的历史文献关于西南边疆的记载较少，但考古资料相对丰富，因此，将考古发现的遗址、墓葬和文物等材料与历史文献结合起来分析西南边疆早期的社会结构、经济形态等问题，无疑是对传统史学的重要补充。另外，历史学与民族学的交叉研究也一直是西南边疆历史研究的重要趋势之一。近年来随着铸牢中华民族共同体意识、各民族交流交往交融等议题的提出，这一趋势更为凸显。

其二，学界越发重视如何从"边疆视角"看待中华文明的形塑历程。西南边疆社会的多元性、复杂性使其历史研究具有独特的魅力，而这种多元性、复杂性又恰恰是解释中华文明统一性、整体性的重要窗口。

其三，传统经典议题与新议题相互交织。一方面，学界对西南边疆地区的传统经典议题的研究不断深入，如土司制度研究中关于土司地区基层管理组织、社会运作方式等方面的探讨逐渐增多；另一方面，新的议题，如生态环境史、疾病医疗史等也受到越来越多学者的关注。这两者的交织极大地丰富了西南边疆的历史研究，也为此后的研究提供了新的方向和思路。

总之，2023 年，西南边疆历史研究取得了较为显著的进展，但也存在一些不足，需要相关学者继续共同努力。如，对少数民族语言文献的利用程度还明显不够，研究成果往往因此缺失了地方传统的自身表达，难以对历史事件形成全面、准确的论述；现今的研究多是对某个特定时期、某个特定地点和某个特定事件进行深入研究，缺乏对西南边疆历史的整体性和连续性理解，而各个区域、国家间的比较研究就更为稀缺。

书　　评

江南郡邑的有机生长与经济属性

——《郡邑之盛：明清江南治所城市研究》读后

顾 浩[*]

黄敬斌：《郡邑之盛：明清江南治所城市研究》，中华书局，2017。

《郡邑之盛：明清江南治所城市研究》（以下简称《郡邑之盛》），系黄敬斌教授在中国城市史研究领域的重要拓展和深入。该书以江南治所城市为考察对象，将城市历史地理与城市经济史相结合，对流行于中国城市史研究中所谓的"规范认识"进行了反思。

一　江南郡邑形态新见

《郡邑之盛》正文分为上下两编共四章。

上编为"城墙与街区：江南治所城市的地理形态"。在这部分中，作者对中国城市形态史的一些"规范认识"进行了反思，并基于实证性的个案分析，揭出江南城市"有机生长"的创见。首先，作者认为传统的城市形态研究存在两方面的问题：一是"规划情结"，即学界普遍强调城市地理形态的规划性和礼制色彩，进而突出国家权力与意识形态的决定性作用；二是"城墙视角"，即始终高度强调城墙对城市形态的象征意义，以城墙空间代替城市的实际建成区。其次，作者根据地方

　顾浩，中山大学历史学系博士研究生。

志、近现代大比例尺军事地图和田野调查等资料，以穷举的方式对明清江南的 35 座治所城市的形态特征进行了个案分析，最终认为与典型的规划城市相比，有机生长型城市在明清江南的比重更大。后者的特点在于，是自然地理环境而非礼制、风水等象征主义因素决定了它们的地理形态。具体来说，江南城市的街区及道路体系主要沿水道自然发展，城墙并不构成对城市发展的束缚，衙署、学校等官方建筑的选址也较为随意和分散，城内外商业区和居住区的连续性大于对立性，"礼制复归"对江南城市建设的影响微乎其微。

下编为"明清至近代江南的城市经济与市场体系"。作者从经济史的视角出发，考察江南治所城市的经济职能及其在江南区域市场体系中的地位。第三章，首先对治所"城市政治属性主体特征"的传统观念提出质疑，并对明清江南治所城市的经济属性进行实证分析。其次，通过考察江南城市的起源和发展，认为经济与行政的统合共同影响了江南治所的设置。最后，通过对江南治所工商业的规模、性质和服务对象进行鸟瞰式考察，可以看到，江南治所不仅多为工业生产中心，而且还是不同层级的区域市场与贸易中心。虽然商贸发达程度与腹地范围不尽相同，但治所城市的经济属性普遍不逊色于著名市镇。第四章，以嘉兴和湖州地区的治所城市为例，根据 20 世纪 30 年代建设委员会的调查资料和施坚雅的理论模型，对上述观点进行了更深层的分析。整体来看，在近代江南的市场层级和城镇体系中，治所城市一般比市镇享有更高的中心地位，城镇的经济层级与行政层级在一定程度上具有正相关关系。

二　挑战"规范认识"

《郡邑之盛》从区域史的视角出发，对既有城市史的"规范认识"提出大胆挑战，使我们重新思考传统城市的结构变迁。

（一）从区域史视角反思中国城市的统一与多样

该书对 35 座江南治所城市的历史地理和经济面貌进行了完整描述，通过材料上的梳理，比较完整地呈现了每座城市的基本特征。但若仅限于此，也只是"就区域言区域""就史料言史料"，所得不过是地方史料的堆积。[①] 该书的突破之处在于，以江南郡邑为切入点，对更为宏观的中国城市史研究投以关怀。

中国城市的形态具有统一性。根据成一农的归纳，明清地方城市形态的构成要素是基本一致的，包括城墙、衙署、学校、坛庙等，它们构成一个城市的基本框架。[②] 基于上述要素而形成的治所城市，虽然具有类似的行政属性，但由于中国广大地域上存在多样化的自然、文化景观及景观认知，因此不同区域都具有自身的发展脉络，并走过根本性不同的"区域性道路"。[③]《郡邑之盛》使我们看到，北方城市的规整布局和官僚属性并不适用于江南水乡，江南治所的有机生长并不完全符合王朝统治者文化权力的排他性需要，甚至在江南城市群内部也呈现形态各异的特征。可以说，作者并未局限于江南一隅，而是在综合比较的基础上，理解江南治所在统一城市体制下的有机发展。

（二）在总体史脉络中反思行政权力的作用

传统的城市史研究一般在国家权力的视角下，强调礼制观念、行政规划和政治军事的职能，涉及该书所讨论的治所城市时尤为明显。例如，包伟民认为"行政地位作为影响城市空间结构的基本要素，不仅在两宋时期依然如故，至今仍未退出历史舞台，我们可从中观察传统社

---

① 行龙：《克服"碎片化"回归总体史》，《近代史研究》2012 年第 4 期。
② 成一农：《古代城市形态研究方法新探》，社会科学文献出版社，2009，第 11 页。
③ 鲁西奇：《中国历史的空间结构》，广西师范大学出版社，2014，第 8 页。

会结构背景对城市结构的根本制约，与不可忽视的历史延续性"。① 从长时段的视角来看，一方面，中国传统城市起源以政治和军事目的为主，这些功能始终影响着城市的基本布局；② 另一方面，宋代至明清时期，随着江南商品经济和市场贸易的发展，商业市镇的城市化进程明显加快。③ 行政型城市与商业型市镇似乎构成了一组对立。

该书指出，江南的设治模式是经济与行政相结合的产物，这也是江南城市发展的内在动力。行政型郡邑与商业型市镇具有相似的经济属性，有的行政治所还在市场层级上与中心商镇处于相同的地位，基层行政驻地的选择与经济层级的高低具有明显的联系。更生动的案例是城墙的修建，江南治所的城墙选址充分照顾到既有建成区的规模，城门的建立必须考虑水道等交通干线的位置。这些论证均体现出，即使在治所城市这样政治权力高度集中的地方，王朝国家的制度安排和意识形态也并不完全具备支配能力，它们必须顺应城市自由发展的内在规律，才能实现统治者与地方社会两者的意志共存。

（三）从现实性视角反思当代城市建设的误区

城市既是历史活动的舞台，也是现实生活的场域。美国城市史的兴起源于 19 世纪末美国城市大发展以及越发尖锐的城市社会问题，当下中国城市化如火如荼地推进，也是中国城市史研究热潮不衰的原因之

---

① 包伟民：《宋代城市研究》，中华书局，2014，第3—17页。
② 何一民：《中国城市史》，武汉大学出版社，2012，第1—43页。
③ 〔日〕斯波义信：《宋代江南经济史研究》，方健、何忠礼译，江苏人民出版社，2001；傅衣凌：《明清时代江南市镇经济的分析》，氏著《明清社会经济史论文集》，人民出版社，1982，第229—240页；刘石吉：《明清时代江南地区的专业市镇》，氏著《明清时代江南市镇研究》，中国社会科学出版社，1987，第1—72页；范金民：《明清江南商业的发展》，南京大学出版社，1998；包伟民主编《江南市镇及其近代命运（1840—1949）》，知识出版社，1998；樊树志：《明清江南市镇探微》，复旦大学出版社，1990。

一，人们期待从城市史的研究中获得经验。[①] 从这个角度来说，《郡邑之盛》对城市有机生长和经济属性的强调值得现代城市规划者的注意。

正如樊树志在该书的序言中所言，当前一小部分地方官员无视城市发展的规律，热衷于通过人为规划的方式实现快速城市化，"郡邑之盛"沦为彰显政绩的表面工程，造就了大批的"死城""鬼城"，对城市旧有的人地关系危机和社会痼疾于事无补，最终导致资源的浪费。对此，城市景观学已经进行了一些反思，例如俞孔坚等人提出的"反规划"设想，即"通过优先进行不建设区域的控制，来进行城市空间规划"。[②] 该书则是从历史学角度给予了自己的回答。繁盛的江南城市不是官僚机构刻意设计的产品，而是城市本身长期自然发展的结果。自然发展的本质是有机生长而非放任自流，江南郡邑的扩展和延伸自觉遵循着城市发展的内在规律，在河道等自然地理环境的基础上建构城市的建成区。因此，城市建设都应当依据既有条件，发挥城市主体的能动性与创造性。

三　疑惑与思考

《郡邑之盛》纠正了城市史研究中部分"规范认识"的不足，然而笔者仍对该书有一二疑惑，在此不揣冒昧，讨论几点粗浅看法。

计量分析对城市史研究来说是一种创新的研究方法，不过该书的部

---

① 早在20世纪初，芝加哥学派的罗伯特·帕克就发表了《城市：对于开展城市环境中人类行为研究的几点意见》（〔美〕罗伯特·帕克等：《城市社会学——芝加哥学派城市研究文集》，宋俊岭等译，华夏出版社，1987，第1—47页）。作为最早一批从事城市问题研究的学者，他们提出的城市社会学，实际上是因应芝加哥的迅速发展而产生的。王旭指出，我国的城市化即将进入转型阶段，"是否转型、如何转型，显然有很多理论问题和实践问题需要尽快解决。在城市化转型方面先行一步的发达国家，有望提供经验和教训，对其进行系统解读，无疑具有重要意义"。参见王旭《大都市区的形成与发展：二十世纪中期以来世界城市化转型综论》，《历史研究》2014年第6期。

② 俞孔坚、李迪华、韩西丽：《论"反规划"》，《城市规划》2005年第9期。

分数据分析可能存在主观化的问题。例如，第二章在论证街区规模对城墙规模的制约时，通过计算得出城墙周长与建成区面积这两组数字的高度相关性，但这仅仅代表城墙周长与建成区面积有关，并不能直接推断彼此的因果关系。作者根据"街区建成于城墙之前"的考证结论，试图证明前者对后者的单向制约关系。笔者认为，虽然江南城市依托水道有机生长，城墙附加于街区机体，但城墙规模对制约街区的发展可能同样具有反作用。正如鲁西奇所言："城墙则不仅是王朝威权的象征，还标识着不同群体的身份特征……城市中的各种垣墙制造了一个个大小不等的、相对封闭的排他性空间。"[1] 以该书所讨论的明清苏州府城为例，木商贸易多集中于齐门一带，棉布加工和海鲜贸易多集中于娄门、葑门外街区，城内东北部为丝织产业区，阊门外是商业中心区，由此可见，商贸集聚的流向依然受制于城墙布局，其规模自然也受到城墙规模的影响。

　　该书认为城市变迁具有相当的稳定性，并不像政治变革那样剧烈和迅猛，因此多以民国时期资料论证明清时期的传统城市。近代中国的城市转型研究，学界已经积累了丰富的成果和颇为系统的观点。[2] 以上海为代表的通商口岸城市，是江南地区近代化转型的典型。[3] 杜正贞关于上海城墙的研究指出，"由衙门、儒学等建筑群所组成的'神圣空间'和临黄浦江岸的码头、市肆组成的商业中心的区分，因为有城墙的分隔和定位，而变得更加鲜明。随着东门城外商业的发展、外籍商人势力的扩大，城墙的象征意义更加的多元化：政治与商业的分野，权力的中心

---

[1]　鲁西奇：《中国历史的空间结构》，第 341 页。

[2]　例如张仲礼主编《近代上海城市研究》，上海人民出版社，1990；隗瀛涛主编《近代重庆城市史》，四川大学出版社，1991；罗澍伟主编《近代天津城市史》，中国社会科学出版社，1993；卢汉超《霓虹灯外——20 世纪初日常生活中的上海》，上海古籍出版社，2004；董玥《民国北京城：历史与怀旧》，生活·读书·新知三联书店，2014；等等。

[3]　戴鞍钢：《港口·城市·腹地——上海与长江流域经济关系的历史考察（1843—1913）》，复旦大学出版社，1998。

与边缘，还有土著与客籍的对立"。① 因此，在影响近代江南城市发展的经济因素中，究竟有多少承袭自明清传统社会的传统，又有多少是城市现代化的产物？传统城市史研究的"城墙视角"在从传统向近代的变迁过程中被赋予了哪些新的含义？这些问题或许有待后来学者的进一步考察。

结　语

以上讨论的不足仅为一孔之见，并不能掩盖《郡邑之盛》江南治所城市史研究的学术价值。黄宗智指出："规范信念认为不可并存的现象屡屡同时出现，实证研究所发现的悖论现象实际上已经对以往的规范信念提出全面的挑战。"② 若干年来，在经济史、政治史、社会史等领域，对所谓"规范认识"的批评在一定程度上引导我们向新理论体系的建立而前进，黄敬斌先生的《郡邑之盛》无疑是在中国城市史研究领域顺应了这一反思潮流的发展。该书富有创新意识的方法论和观点，对治所城市研究、江南市镇体系乃至整个传统中国城市史理论的重新理解都具有重要的意义。

---

① 杜正贞：《上海城墙的兴废：一个功能与象征的表达》，《历史研究》2004 年第 6 期。
② 黄宗智：《中国经济史中的悖论现象与当前的规范认识危机》，《史学理论研究》1993 年第 1 期。

政区划界与政治过程[*]

——读《中国近现代行政区域划界研究》

叶　鹏[**]

徐建平：《中国近现代行政区域划界研究》，复旦大学出版社，2020。

　　层级、幅员、边界是行政区划的三大基本要素。其中，分析层级可从行政架构入手，根据上下级隶属关系，精准把握政区性质；判断幅员则主要依据实际控制区域大小，往往同时考量边界（或边界地带）走向。故而从空间角度着眼，边界无疑是关键一环。但在传统时期，受限于技术条件，国家并不能完全实现行政区域间的精准划界，省界、县界多未勘定。直至20世纪30年代初，国民政府颁行多部勘界法令后，出于现实考量，大量政区间的模糊界线才被法制化的明确界线所取代，并逐渐固定下来。复旦大学历史地理研究中心徐建平研究员长期关注民国时期的行政区域划界问题，近来他出版了《中国近现代行政区域划界研究》（复旦大学出版社，2020）一书，对相关思考进行了新的总结。全书除去前言和结语，共有九章，分作三篇，下面分别简要介绍之。

　　上篇讨论的是宏观视角下的行政区域整理，作者在此部分重点介绍了国民政府的勘界法令及相关活动。第一章梳理了南京国民政府时期《省市县勘界条例》（1930年5月31日）、《县行政区域整理办法大纲》

---

　　*　本文系温州学研究"白鹿青年学者资助计划"项目"近代温州行政区域边界调整研究"与上海市"晨光计划"项目（23CGA49）阶段性成果。

　　**　叶鹏，上海大学历史学系讲师。

（1931 年 4 月 29 日）两部行政区域勘界法令的制定过程，从条款上看，国民政府显示出了整理政区的强烈决心。以此为据，各省先后开始清理政区边界，尤其对插花地等特殊边界形态进行了调整，但不久后全面抗战军兴，各方工作遂告停顿。在此五六年间，实际上大规模开展边界勘定工作的只有河南、浙江两省，其中河南重在清理插花地，而浙江基本完成了全部整理工作。第二章紧接着具体检视了浙江调整行政区域的成绩，大致有三。其一，设置杭州、宁波两个省辖市。1927 年国民革命军进入两浙，当年即颁布《杭州市暂行条例》《宁波市暂行条例》规定市区范围，之后又分别多次与杭县、鄞县会勘界线，杭州市域不断扩大，但始终仅为省辖市，宁波市则因地方士绅反对，最终于 1931 年撤销。其二，新设磐安、三门、文成、四明、滃洲五个县级行政区。以时间先后为序，1939 年 7 月，在浙东山地置磐安县，加强地方管控，震慑匪患；1940 年 7 月，废除南田县，将之与宁海、临海两县部分乡镇合并，设三门县，加强海防与沿海开发；1948 年 7 月，划瑞安、青田、泰顺县地设文成县，重在基层治理；1949 年 1 月，在余姚、上虞等县的交界山区设四明县，以对抗中共浙东根据地；同年 5 月，国民党政权退踞海上，8 月析定海县以北诸海岛设滃洲县。其三，勘定县级政区边界。根据所处位置不同，分为省际勘界与省内县级政区勘界，与邻省交界的 22 个县有 16 个完成勘定，浙江省内则有 134 处（占七成）县界整理完毕。

　　中篇共有四个章节，旨在展示近代不同类型政区边界的法制化历程。一般来说，政区边界有习惯线、争议线、法定线，勘界的目的是使前两类模糊边界向法定明晰界线转进，呈现出的边界变迁模式有“习惯线—法定线”“争议线—法定线”“习惯线—争议线—法定线”等几种。书中所涉案例，纠纷多集中于第三种。第三章关注边疆地区。进入民国后，阿尔泰传统游牧区界逐渐成为新疆、蒙古之边界。由于“蒙古独立运动”，中蒙实际控制线与传统习惯线已有较大差异，最终勘定的中蒙国界则是在多次军事协定的框架下形成的。第四章聚焦安徽绩溪与浙江昌化交界处的荆州乡这一小尺度区域。当地因归属争议，甚至先后组织了"复界运动委员会""回昌运动委员会"两个诉求完全相反的组织，反映了不同时期的基层民意，同时作者还指出地方大族在政区调整中扮演了重要角色。第五章研究了潼关县境的调整过程。清雍正年间潼关裁卫设县，但因卫所屯田插花，县境破碎，至 20 世纪 40 年代，潼关县方与华阴、阌乡两县分别划定界址，交换插花地带，最终形成完整县境。这一过程中各级政府的互动也表明，基层划界实情往往超出条例规定范畴，与现实政治博弈息息相关。第六章剖析了南京作为城市型政区从其母体江宁县划出时的复杂过程。因南京原为江苏省会，后为与省平级的特别市，市政府成立又面临着与省政府间的权责分割，随着 1929 年江苏省政府迁往镇江、1934 年江宁县政府迁出市区，南京市最终成为独立的行政主体。

如果说前两篇重在叙述史实，通过生动案例来说明边界调整逻辑的话，下篇则重在利用技术手段，借助计算机建立 GIS 数据库或配准古旧地图，开展近现代政区研究。第七章以甘肃省为例，证明了在百万分之一比例尺条件下，利用生存期描述法，搭建逐年复原的现当代县级政区时空数据库（1912—2013）具有高度可行性。紧接着，作者又进行了地图数字化的尝试。第八章旨在利用 GIS 工具配准 1934 年出版的《中华民国新地图》，进而修正时间截面政区数据库，复原 20 世纪 30 年代初全国县级以上政区边界、治所。虽然该图中各省区断限不一，但最终的比勘结果表明，只要选取合适的时间截面，利用近代测绘的高质量地图进行地理信息还原是完全可行的。第九章聚焦于哈佛燕京图书馆收藏的一幅清末《南阳县图》。作者通过比对其与《大清会典舆图》、光绪《新修南阳县志》所附《县境全图》的异同，证明了该图绘制者极可能是戴广恩，绘制年代在光绪十八年至二十年，并据此尝试重建了光绪年间南阳县的村落、户口空间分布，展现了晚清舆图数字化的重要价值。

　　该书用细腻的笔触勾勒了近代历史上作为一种地理要素的政区边界，是如何具体成形、调整的，毫无疑问，关注政区空间特质的历史地理学理路正是作者的研究底色。依笔者所见，目前学界对历史政区的研究，还有行政史、社会史两条路径值得关注：行政史注重日常政事的运作过程，注重行政权力主体的变化，进而考察各种权力关系在空间上的投射，对治权的强调是其鲜明特征;[1] 社会史则注重长时段脉络，关注基层势力在政区置废、边界调整过程中所起到的作用，政区变动即是地域社会某一阶段发展需求的具体表现。[2] 这两种范式的精妙之处在该书中亦有或多或少的体现。

　　行政区划，重在"行"字，要注重动态的政治活动，即所谓"政治过程"，才能理解政区的运行实态。徐著便尤其重视这一方面的分析，中央、地方、民众多种主体的活动路径均有呈现：中央制定相应法律法规，对政区划界活动进行宏观把握与规范；地方政府上传下达，执行上峰命令、转达基层诉求，负责会勘界址等具体工作；而民众也并非毫无能动地接受上层安排，相反可以通过递交诉愿等方式，反映"民意"（当然，彼时所谓"民意"往往由精英阶层定义），主动参与到划界过程中。行政区域边界的最终确定往往要经过多次沟通、协调，各方相互妥协，才能在上下级行政主体、相邻政区、官方与民众多对互动关系间形成一致意见。这一调整模式也反映了近代行政制度的整体变化。一般来说，政区的划定有两种方式。其一是属人主义，即以掌控的人口为准划分行政区域，政区形状大致是所管人户在空间上的分布样态，极端者可能出现破碎、插花的面貌，由于传统王朝国家对地理信息的掌握程度有限，管理治下编户齐民多遵循此原则；其二是属地主义，即以一

---

①　如蒋宝麟《南京国民政府时期上海市区域与治权的确立》，《史林》2019 年第 4 期。

②　日本地域社会研究者早有此见，如青山一郎「明代の新県設置と地域社会：福建漳州府寧洋県の場合」『史学雑誌』第 2 號、1992 年、240—267 頁；田中比吕志「清末民初における新県設置と地域社会：江蘇省啓東県設置を例として」『東京学芸大学紀要』総第 51 期、2000 年、125—141 頁。近二十年来，国内类似研究亦甚多，不赘。

定的地理空间来划定行政区域，政区边界先已固定，进而再区分人户归属，伴随着地理知识、通信技术等科技条件的进步，近代国家能够更好地掌控所辖区域，故多循此道。近代政区边界从模糊到明确，在各方角力下最终以法制化界线的形式确定下来，其制度背景正在于国家行政管理模式发生了从属人主义到属地主义的转变。

纵观全书，作者并未简单地视政区界线为一种几何线条，而是将其作为具有生命力的对象加以探讨，这一把握十分精到。单从地图上看，边界不过是组成闭合区域的一系列线段，但对生活在交界地带的人来说，边界或是山川河湖这样的自然分界，或是民众主观认同中用以划分彼此之间群体差异的人文分界，政区界线是可以通过日常生活被真切感知到的。因为不同人的地理感知颇具主观差异，"横看成岭侧成峰"，面对同一地理要素难免会出现不同感受。于是，出于现实考量，基层民众在面对政区调整时，便可能会选择性地描述地理状况，以满足其归属诉求。有时甚至连"民意"也是虚构的，部分官绅为满足个人利益，将自身意愿包装为民众的普遍意愿，以获得上级认可。社会秩序、族群关系、产权纠纷，乃至对垒双方的亲疏远近都会对划界活动产生不同程度的影响。

该书在征引资料、研究内容、理论方法上亦有足堪称道之处。历史地理学注重实证，作者从中国第二历史档案馆、台北"国史馆"等公藏机构中收集到了大量与民国政区划界相关的公文、报告，并运用各类方志、报刊、族谱等文献复原史实，较为详细地梳理了划界事件的前因后果。该书的成功之处还在于兼顾了各类政区划界的情形，大至国界，小至乡界，或是插花形态政区的整合，或是城市型政区设立过程中的市县分界，呈现了不同层级政区边界法制化的精彩过程。在理论方法层面，作者结合前人研究，归纳出了逆（顺）推法、断面法、"转移定位"法三条政区边界复原的重要法则，并用较大篇幅介绍了他利用计算机技术进行政区研究的具体实践。作者不仅参考借鉴了中国历史地理信息系统（CHGIS）的工作经验，通过 GIS 软件搭建历史政区数据库，拓展了 CHGIS 的实际应用，还将近代地图进行数字化处理，以精确描绘历史政区面貌，这在目前的历史政区研究中都是极为有益的尝试。

　　周振鹤先生一直倡导历史政区地理向历史政治地理的范式转换。[①]十多年来，学界一方面关注到了以往不太留意的政治运作过程，对政治局势、政治实践有颇多讨论；另一方面，在原有工作基础上进一步精细化，空间上或向边疆地区做横向拓展，或向县以下区划做纵向深入，时间上则把研究时段后移，越来越多的学者将目光投向近现代，成果异彩纷呈。总之，目前国内学界对民国政区的研究还处于萌芽阶段，亟须更多、更具冲击力的著述推进相关工作，该书既有扎实的案例分析，又有前沿的方法创新，相信它在历史政区研究走向深化的路上一定会留下重要一笔。

---

① 周振鹤：《范式的转换——沿革地理—政区地理—政治地理的进程》，《华中师范大学学报》2013 年第 1 期。

《横滨正金银行的研究——外国汇兑银行经营组织构筑》评介[*]

白鹏晓[**]

白鳥圭志『横浜正金銀行の研究——外国為替銀行の経営組織構築』
吉川弘文館、2021。

　　20世纪以来，中外学者对外商银行的关注度渐趋增强，学界较为关注外商银行在华势力由强变弱的发展趋势，及其对中国金融组织乃至中国整体金融的影响力。作为外商银行的国际跨国银行——横滨正金银行（以下简称"正金银行"），学界对其专门研究的成果渐趋增多。该行在19世纪末20世纪上半叶在伦敦、纽约等世界多地设立诸多分支部门，仅在中国自1893年设置上海办事处起至1945年日本投降，就设立了30多处分行及办事处等，形成较为稠密的经营网络。对于该行的研究，有些论著从该行整体的金融活动着眼，研究范围较广，但涉及的细节内容不够深入。当代研究正金银行的期刊性论文较多，角度多元，但呈碎片化分布，研究不够具体。中国学界对正金银行在华金融活动的研究逐渐加强，研究时段由1894—1919年延伸至1945年正金银行被中国接收时期，覆盖了正金银行在华活动的全过程。内容上重在分析该行代理国库、存贷款（包括特产贷款与特别贷款）、汇兑等业务，统一币制

---

　　*　本文为国家建设高水平大学公派研究生项目（留金选〔2022〕87号）成果。
　　**　白鹏晓，华中师范大学中国近代史研究所博士研究生。

及特产贸易等活动。日本学界对正金银行研究的成果较多，但多是从金融史、贸易史、银行史及侵略史等角度进行考察。总体而言，关于正金银行组织架构与经营管理体制的全面且系统的著述，尚付阙如。故在挖掘新史料、采用新方法的基础上仍有拓展其深度与广度的空间。

　　1995—2000 年，白鸟圭志在日本一桥大学攻读经济学硕士与博士学位，其新著《横滨正金银行的研究——外国汇兑银行经营组织构筑》（『横浜正金銀行の研究——外国為替銀行の経営組織構築』），是在其博士学位论文《两次大战期间银行联合政策的发展》(『両大戦間期における銀行合同政策の展開』)[①] 的基础上整理而成。该书利用最新出版的正金银行内部史料与英系跨国银行的研究方法，聚焦正金银行总部组织的发展历程，在一定程度上弥补了先行研究的不足。

　　近代欧美外资银行垄断日本国际贸易市场，为"恢复商权"乃至重组日本主导的东亚经济圈，[②] 1880 年 2 月，日本设立正金银行这一外汇银行。该行资本为 300 万日元，其中日本政府出资三分之一，以贸易商为主的民间出资三分之二。在 1883 年商业危机和管理改革之后，正金银行重新走上正轨。1887 年根据《横滨正金银行条例》获得特殊银行地位，1911 年正金银行的输出与输入汇兑交易量占日本国际贸易总量的 45%。正金银行作为日本对外金融支柱，与作为日本国内金融支柱的日本银行，在二战前期一起构成了支撑日本金融界的两大支柱。除了是承担日本对外结算任务的重要国策银行外，直到二战前，它还与汇丰银行、渣打银行并列为世界三大汇兑银行，在国际金融市场上占据重要地位。并且在 20 世纪 20 年代下半期至 30 年代下半期，正金银行的总资产量居于压倒地位，其经营规模急速扩大是该行有别于另外两大汇兑银行的重要特征。与之相对应，该行如何构建与整备经营组织管理体

---

① 白鳥圭志『両大戦間期における銀行合同政策の展開』八朔社、2006。
② 白鳥圭志『横浜正金銀行の研究——外国為替銀行の経営組織構築』、203 頁。

制是该书的重要焦点与问题意识。①

全书除序章与终章外，共五章。该书聚焦正金银行总部组织包括行长、董事会、监事会等的动向，主要探究其在不同时期的经营状态，特别是组织管理与经营策略。序章探讨正金银行经营史研究的课题与视角。第一章介绍在 19 世纪 80 年代初创时期，正金银行内部的经营情况，特别是在经营发展过程中更换经营者的意义。第二章研究 19 世纪 80 年代末至 1905 年日俄战争前后，关于正金银行贸易与外汇业务的组织管理体制的变化、与日本银行的交易条件、在中国的业务统辖体制及吸收存款战略。第三章通过近期公开发行的新史料，主要采用涉及"过程论"的诸期《通告》，探究自一战至关东大地震时期正金银行对金融危机的应对，特别是关注该行总部的组织方式及动向，并分析该行包括外汇政策在内的经营活动。第四章是第三章的继续，主要分析正金银行因昭和金融恐慌波及而产生的损失与采取的救济措施及其效果。第五章考察在二战期间的日美战争爆发前后及日本战败后正金银行的经营状况。终章概括贯穿于后发国家的多国籍银行史，包括其经营管理历史、特征、以企业统制为中心比较世界三大汇兑银行的经营史及指明待解决的课题。

在史料运用上，该书主要参考最近公开发行的关于正金银行的新公布的档案资料、各期《通告》及备忘录等，深入正金银行内部，探究其经营与组织特点。例如太平洋战争爆发后，正金银行的纽约与伦敦两分行关闭。在其内部资料公布之前，学界主要利用该行的"半年报告"，尝试探究该行在殖民地及占领地的经营动向，尚未深入银行内部。在此资料公布后，作者在第五章突破史料局限，从"过程论"视角把握总体战体制下正金银行面临的问题及解决对策。②

在研究方法上，英国著名企业史学家杰弗里·琼斯（Geoffrey

---

① 白鸟圭志『横浜正金銀行の研究——外国為替銀行の経営組織構築』、1—2 頁。

② 白鸟圭志『横浜正金銀行の研究——外国為替銀行の経営組織構築』、89、171—172 頁。

Jones）的全球化及跨国企业历史演变研究影响较为广泛。在银行研究方面，他在著作《英国跨国银行业（1830—1990）》（*British Multinational Banking*，*1830-1990*）中利用在研究管理资本主义的兴起、跨国企业的历史及国家竞争优势的决定因素中发展起来的概念，来重点探索英国跨国银行在全球银行业中的活动并跟踪其历史变迁，主要讨论其起源、战略及业绩。琼斯的理论主要体现在以下五个方面。

第一，探究跨国银行存在的原因。该问题一直是经济学家关注的中心问题。自 1977 年赫伯特·格鲁贝尔（Herbert Grubel）首次尝试发展跨国银行业务的一般理论发表以来，已提出了许多模型。跨国银行的模式一直与各国资本成本的差异有关。许多学者认为银行跟随公司客户跨越国界而成为跨国公司。约翰·邓宁（John H. Dunning）关于国际生产的折中主义范式已被应用于银行业，并试图确立跨国银行成长背后的所有权、区位和内部化因素。在此背景下，产品差异化、规模经济、信息与技术市场及政府支持都被作为优势来源进行讨论。琼斯认为诞生于19 世纪 30 年代的英国跨国银行，至 1890 年已遍布南半球，其源于英国与海外商人对贸易融资设施的渴望。虽然对外贸易可以通过代理行网络进行融资，但可靠的代理行的缺乏刺激了内部化与跨国银行的创建。监管要求及英国金融体系的传统导致海外银行采用高度专业化的结构。这些银行的突出特点是专注于单一地区，并且在英国缺乏国内业务。[①] 第二，为什么英国所有银行在跨国银行业务中占据突出地位如此之久？为什么自 20 世纪 60 年代起这些银行失去了这种突出地位？[②] 琼斯指出英国跨国银行的实力与商业银行一样，依赖于 19 世纪英国在经济与政治上的卓越地位。同时银行的社会化策略与管理干部的终身雇佣和在职培训相结合，这种健全的管理结构亦取得了较好效果。但进入 20 世纪 60

① Geoffrey Jones, *British Multinational Banking*, *1830 - 1990*, Oxford, England: Clarendon Press, 1993, pp. 1-12, 30.

② Geoffrey Jones, *British Multinational Banking*, *1830 - 1990*, p. 1.

年代，跨国银行业务因全球货币与资本市场的出现而发生转变。美、
欧、日三方银行大规模跨国扩张，加之许多发达国家的技术变革与放松
管制弱化了多种类型银行与金融服务间的区别。^① 第三，琼斯考察跨国
银行的内部管理和组织。在跨国企业中，企业职能能否有效组织的问题
尤为突出，在一定程度上控制海外子公司或个人是企业全面成功的必要
先决条件。第四，银行对不断变化的环境状况的反应，这是经济分析的
中心关注点。琼斯较为关注英国跨国银行在面对世界大战、经济萧条、
大英帝国的崩溃、英国经济衰退时的应对机制及变革的制约因素等。第
五个研究主题是业绩。有学者认为，当代跨国银行的表现优于国内银行，
部分原因是它们可逃避任何一个国家市场的系统性风险，以及内部化战
略通过克服国际金融市场的不完善，为跨国银行创造了优势。琼斯以
1890—1975 年这一核心时期的银行为样本，计算了股东的回报率，并与
他们投资的两家英国国内银行的股票或英国政府股票所能获得的收益进
行比较。还计算了使用已公布与未公布信息的盈利能力比率。^②

该书批判地继承了琼斯的英系跨国银行的研究方法。白鸟圭志较为
关注琼斯研究方法中的第二、第三及第四项问题，即英系跨国银行长期
存在的规模；跨国银行内部的经营和组织，特别是对偏远地区分支机构
的"控制"问题；跨国银行对经营环境变化的应对措施及其制约。白
鸟圭志认为琼斯提出的英系跨国银行理论，对分析后发国家的跨国银
行——正金银行亦有启发，但不能直接应用于该行。应在对比双方的同
时，探讨正金银行后发性的不利因素。

首先，在第二项问题中，英系跨国银行通过长期积累跨国银行业务
并确保稳健经营，解决了长期经营的连续性和"控制"问题。这与正
金银行有较大区别，正金银行作为后发国家的跨国银行，需在短时间内
建立经营管理体制。该行在日本政府特别是大藏省的主导下实现了所有

① Geoffrey Jones, *British Multinational Banking, 1830-1990*, pp. 62, 376.
② Geoffrey Jones, *British Multinational Banking, 1830-1990*, pp. 2-4.

权与经营权的分离。[①] 同时具有留学经验、国际视野并精通外汇业务的原六郎担任该行行长，其后该行逐渐实现经营者专门化。在作者看来，此等事态在日本国内或许是某种"革新"，但从全球史角度看，这不过是对设立多国籍银行的国际动向的被动反应。这些制度的实现，可谓是"后发之利"。此外，这种政府强有力的权力介入，被认为是在外部压力下进行追赶的国家工业化策略的特征之一。在此过程中，经营上较晚步入正轨的正金银行受到了欧美跨国银行的压迫，特别是在中国市场中的地位依然很低。工业革命以后，该行试图超越欧美跨国银行，但却在收益上造成巨大的负面影响。总之，该行在中国的经营战略，是由日本主导重组以中国为中心的东亚经济圈的国家战略的一环。从此意义上讲，正金银行的战略亦是日本对西部影响与东部影响做出的一个反应。[②]

其次，关于第三项问题，正金银行在大藏省拥有绝对所有权的情况下，通过专业经营者实施包括内部管理体制在内的组织构建。总部始终统辖海外分支机构，但并未采取强制性分权。[③] 作为正金银行首任行长的中村道太，因其名望与人脉为该行筹集了重要资本，但因其无外汇业务经验难以胜任该行经营者一职。正金银行成立后不久，大藏省通过监理官确立对该行的经营监督制度，但监理官未必知悉外汇实务，不能深入银行内部进行监督。此外，作为改善措施而由大藏省选任的三名董事，也因中村行长"做假账"不当而未能得到有效监管。并且，外贸交易汇兑制度亦有诸多不完善之处，贷款对象虽多，但往往集中于以贸易商会为中心的特定交易对象。因此，该行成立不久便背负了巨额债权。故依靠地方资产家与名望家经营外汇银行未能"恢复商权"。为改善此等状况，大藏省在松方正义的主导下，从日本国家利益出发，提拔

① 白鳥圭志『横浜正金銀行の研究——外国為替銀行の経営組織構築』、3—8 頁。
② 白鳥圭志『横浜正金銀行の研究——外国為替銀行の経営組織構築』、203—204 頁。
③ 白鳥圭志『横浜正金銀行の研究——外国為替銀行の経営組織構築』、3—8 頁。

专业经营者原六郎为行长，通过购买发行股票来贯彻原六郎行长诸多改革方针等。最终诸项措施促进了该行的效率化经营，滞纳贷款减少，客户集约化得以促进，亦避免了因背负巨额不良债权而使各店产生连锁反应的后果。①

最后，关于第四项问题，正金银行在昭和恐慌时期采取稳妥的融资策略；在二战期间的金融危机时期通过强化监事会等完善债权管理体制，建立监事牵制管理层的体制以渡过危机。② 20 世纪 20 年代末，海外金融危机渐趋严重，尽管正金银行曾自我评价 "在日本国内地位日益重要，在海外的信用逐渐增强"，但自 1927 年 4 月起，该行海外分行资金周转困难，信用不断动摇。在伦敦，因日系银行信用降低，正金银行需备救济金。此外，台湾银行的休业亦引起上海金融市场恐慌。4 月 22 日，在上海的日系银行协商后，正金银行上海分行因资金宽裕承诺以汇兑形式向住友与朝鲜银行分别提供 50 万与 100 万日元限度的短期融资以救济两行。但次日，正金银行上海分行的资金陷入难以支付的境地。在此前后，该行多次申请并获得大藏省资金协助，以救济日系银行。可以说，正金银行上海分行在危急时刻起到了救济机关的作用。总体而言，金融恐慌初期，海外各地的日系银行资金周转困难，正金银行海外各分行亦被迫严格警戒。但从 5、6 月开始，因接受以高桥是清为中心的大藏省及日本银行的资金等的救济，海外各分行的危机逐渐解除。同时该行对大藏省及日本银行的依赖性增强。③ 1937 年至 1941 年 12 月太平洋战争爆发前，该行外汇结算的中枢是纽约与伦敦两分行，即将向英镑地区出口的资金在伦敦兑换成美元，再用该资金结算军需品等日本进口商品的货款。以上两分行对正金银行乃至当时的日本经济起到了支撑的作用。既有研究由于史料限制，未能探及总部组织的动向。

---

① 　白鳥圭志『横浜正金銀行の研究——外国為替銀行の経営組織構築』、37—38 頁。
② 　白鳥圭志『横浜正金銀行の研究——外国為替銀行の経営組織構築』、3—8 頁。
③ 　白鳥圭志『横浜正金銀行の研究——外国為替銀行の経営組織構築』、138—141 頁。

该书指出该行虽存在管理层未能认识到世界经济大恐慌带来的环境剧变的局限,但通过监事会的规范,最大限度地避免了不良债权等损失的发生。同时将"统制销售"等带来的损失转嫁给日本政府与日本银行。[①]太平洋战争爆发后,因首战的"成果",日本占领地扩大。随之,正金银行店铺数量增加,店铺所在的地理范围扩大。为应对此等变化,1943年4月30日该行进行大幅重组,其重点是根据占领区域,分别设立东亚部、南方部与外国部。东亚部负责中国东北、"蒙疆"及香港等地区的营业、监督及相关调查,南方部负责菲律宾、泰国、法属印度、马来、爪哇等南部诸地域的营业、监督及相关调查,外国部负责东亚部与南方部管辖之外的诸外国的营业、监督及相关调查。[②]

在史料搜集方面,该书参考文献较为丰富,除参考英文文献外,重点参考了日文论著,且日文史料主要集中于新刊行的正金银行内部史料,深入银行内部,补充了既有研究的不足。

但该书亦具有一定局限性,正如作者所言,尚未发掘到关于海外分支部门外汇交易管理上的事务手续的翔实史料,研究重点亦局限于正金银行总部。[③]它对缩微胶卷资料的利用亦较为有限,同时在涉及该行向中国的扩张时并未参考中文文献。在研究内容方面,稍有不完善之处。如该书所述,正金银行在不同时期建立了按地区划分的类似于营业区或事业部制的管理组织,各组织有何区别,该书未能阐明。[④]这些给后续学者留下了可探究的空间。

但总体而言,该书利用英系跨国银行的研究方法探究正金银行这一跨国银行,在研究中充分观照其总部与国际分支机构的关系,值得引起学界重视。

---

① 白鸟圭志『横浜正金银行の研究——外国為替银行の経営組織構築』、166頁。
② 白鸟圭志『横浜正金银行の研究——外国為替银行の経営組織構築』、184頁。
③ 白鸟圭志『横浜正金银行の研究——外国為替银行の経営組織構築』、15頁。
④ 白鸟圭志『横浜正金银行の研究——外国為替银行の経営組織構築』、6頁。

赵刘洋《妇女、家庭与法律实践：清代以来的法律社会史》评介

蔡婉琪*

赵刘洋：《妇女、家庭与法律实践：清代以来的法律社会史》，广西师范大学出版社，2021。

民间诉讼是百姓与国家之间产生联系的重要一环，反映了法律社会史与历史人类学所推崇的"眼光向下"。科大卫（David Faure）曾指出："与其扮演法律专家讨论制度的所以然，研究普通人在'制度'下怎样生活是更有意义的研究。"[1] 法律社会史发端于瞿同祖于 20 世纪 40 年代出版的《中国法律与中国社会》，[2] 而后在梁治平、黄宗智等学者的推动下，关于中国古代法律社会史的探讨日益丰富、深入。[3] 群体问题从县衙的书吏与差役，到讼师、娼妓和同性恋问题，再到妇女与财

---

* 蔡婉琪，复旦大学法学院硕士研究生。

[1] 〔加〕宋怡明：《被统治的艺术》，〔新加坡〕钟逸明译，中国华侨出版社，2019，序。

[2] 尤陈俊：《中国法律社会史研究的"复兴"及其反思——基于明清诉讼与社会研究领域的分析》，《法制与社会发展》2019 年第 3 期，第 190 页。另可参见王健《瞿同祖与法律社会史研究——瞿同祖先生访谈录》，《中外法学》1998 年第 4 期，第 17 页；瞿同祖《我和社会史及法制史》，张世林编《学林春秋 著名学者自序集》，中华书局，1998，第 219 页。

[3] 相关研究参见梁治平《清代习惯法：社会与国家》，中国政法大学出版社，1996；〔美〕黄宗智《民事审判与民间调解：清代的表达与实践》，中国社会科学出版社，1998。

产，研究广度令人瞩目。① 彭慕兰（Kenneth Pomeranz）也认为，研究法律本身不是他们的目的，"而只是理解帝国晚期的一种尝试"。②

遵循历史社会法学的研究进路，③ 赵刘洋的《妇女、家庭与法律实践：清代以来的法律社会史》（以下简称《妇女、家庭与法律实践》）一书基于田野调查和诉讼档案，侧重从法律社会史的角度关注法律在基层社会的运作和实效，动态地探究了清代以来的妇女权利、家庭结构和法律实践之间充满张力的非线性历史过程，是一部沟通历史经验与当代实践、连接法律史与性别研究的新锐著作。

全书除导论和结语外，共六章。导论部分对国内外学界关于中国法律社会史的范式演变进行系统综述和方法论反思，主张应自下而上地理解中国法律在基层社会的复杂面向。第一章"转型社会中的法律与家庭：以中国乡村社会中的妇女自杀为例"立足于田野调查，分别从"道德法律化"与"法律去道德化"两个维度，考察妇女自杀行为与法律变化的关系。第二章至第四章依次对清代、民国至改革开放前的妇女离婚诉讼及其权利实现展开讨论。第二章"清代法律实践中的妇女离婚"主要对妇女张氏之死进行个案分析，围绕涉案各方的供词和县衙的判词，试图探究底层民众与清代婚姻制度的博弈过程。此外，该章还以多起案例对清代离异案中的"典妻"和"卖休"两类典型案件及其背后的个人、社会因素进行探讨。第三章"民国时期的妇女离婚诉讼"

① 相关研究参见〔美〕白德瑞《爪牙：清代县衙的书吏与差役》，尤陈俊、赖骏楠译，广西师范大学出版社，2021；〔美〕梅利莎·麦柯丽《社会权力与法律文化：中华帝国晚期的讼师》，明辉译，北京大学出版社，2012；〔美〕苏成捷《中华帝国晚期的性、法律与社会》，谢美裕、尤陈俊译，广西师范大学出版社，2023。

② Kenneth Pomeranz, "An Empire in Transition: Law, Society, Commercialization and State-Formation in Late Imperial China," *Eighteenth-Century Studies*, Volume 35, Number 2(Winter 2002). 中译文参见〔美〕彭慕兰《转变中的帝国：中华帝国末期的法律、社会、商业化和国家形成》，姚斌译，《中国学术》2003 年第 3 期，第 218 页。

③ 关于历史社会法学的研究路径，参见〔美〕黄宗智、尤陈俊主编《历史社会法学：中国的实践法史与法理》，法律出版社，2014。

基于多份调查结果和诉讼案件，对民国时期女性权利实践的司法困境展开论述，重新检视法律近代化之于妇女权利的实际影响。第四章"改革开放前中国法律实践中的妇女离婚"细致考察了基层法官如何适当运用自由裁量权，在婚姻自由与社会实际之间寻求化解婚姻家庭矛盾纠纷的空间，这一经验体现了黄宗智"实用道德主义"的路径。第五章至第六章则将视角聚焦在现当代的法律实践。在第五章"中国婚姻'私人领域化'？——当代中国法律实践中的妇女离婚"中，作者将离婚制度置于非此即彼的对抗性框架之外，以比较法重新对中西方离婚制度，以及实质正义和程序正义展开辩证的历史思考。第六章"财产权利与家庭政治：当代中国离婚法律实践中的房产分割"以近百件诉讼档案为样本，分析"家庭主义"逻辑在中国离婚法律实践中的广泛适用，而法律与社会现实的变化亦在重塑民众的家庭观念。

历史上，法律表达与实践之间的张力和冲突贯穿于中国法律制度发展的整个历史过程，在妇女婚姻问题上，尤为如此。

《妇女、家庭与法律实践》一书是"实践社会科学系列"的新成果之一，旨在探究性别研究与法律社会史的交叉领域。全书问题意识突出，既反映了国际史学前沿视角，又回应了学界以往的研究成果。作者试图以一条宏观且清晰的历史脉络阐明法律与实践的历史互动，把中国妇女与法律、社会乃至家庭之间的关系放置在长时段历史中审视，以此对韦伯的"形式主义"法律理论进行回应。该书尤其关注所谓"实践与表达之间的背离"，即历史上人们在道德化的官方表达和实用性实践之间的主观空间。[①] 这一思路深受其导师黄宗智的影响，他们的共识在于国家立法并不能完全取代社会实践自主生成秩序的活力，这种复杂张力充分体现在处理妇女的婚姻问题上。基于这样的思考，该书从长时段的历史演变视野考察性别权利法律及其实践的历史进程。可以看到，一

---

① 赵刘洋：《妇女、家庭与法律实践：清代以来的法律社会史》，第30页。

方面，借由法律的去等级化，妇女处于新权利的制度性确立而保障性别平等的制度环境尚未形成的窘境中，如婚姻自由（主要探讨的是离婚自由）与保障妇女权利之间的悖论；[①] 另一方面，当代法律强调的个人权利逻辑并未使婚姻法进入西方话语体系下的"私人领域化"状态，源自传统中国法律实践的"实用道德主义"思维方式仍在延续。[②] 其中，受黄宗智和孔飞力（Philip Kuhn）既有研究的启发，[③] 作者还特别关注了 18 世纪（乾隆时期）法律道德主义倾向，与之相关的是这一时期在底层社会群体中普遍存在的生存危机和人口性别结构的失衡。[④]

该书立足于"自杀""离婚"这两大议题，尤为关注清代的典妻、卖休案，对其中多起案例进行深入剖析。在中国，典妻、卖休何以扎根于传统社会？清代"买休卖休"律对底层百姓的影响如何，又为他们提供了多大的法律规避空间？诉讼各方对此持什么立场？宗族内部对此违反"礼义"之举有何措置？典妻、卖休这类违反官方正统话语的行为在传统民间社会长期存在，屡禁不止。该书基于丰富的司法档案和清代刑科题本，在第二章"清代法律实践中的妇女离婚"中分别从官方立法和具体司法两个维度进行论述，细化了对上述诸多问题的思考，自下而上的历史考察也揭示出官方礼教表达和现实生存困境之间的冲突。如该书提到，清代实行"买休卖休"禁令，严厉打击典妻、卖休等有违婚姻"礼义"的行为，但查阅清代刑科题本发现，仍有 110 件卖休案因引发命案而进入中央审判程序，其中 68 件明确表明贫困是卖休的原因，62 件卖休案系身价银争执导致的命案。[⑤] 作者将多起典妻、卖

---

① 赵刘洋：《妇女、家庭与法律实践：清代以来的法律社会史》，第172页。
② 赵刘洋：《妇女、家庭与法律实践：清代以来的法律社会史》，第201页。
③ 参见〔美〕黄宗智《华北的小农经济与社会变迁》，中华书局，2000，第五章；〔美〕孔飞力《叫魂：1768年中国妖术大恐慌》，陈兼、刘昶译，生活·读书·新知三联书店，2012，第49—58页。
④ 赵刘洋：《妇女、家庭与法律实践：清代以来的法律社会史》，第43—44页。
⑤ 赵刘洋：《妇女、家庭与法律实践：清代以来的法律社会史》，第111、117页。

休案放置于对传统社会的讨论之中，并在中国传统法律框架内，结合具体的典卖流程和审判实践，审视诉讼背后的社会经济、家庭秩序、道德观念等因素。

美中不足的是，该书对某些重要议题的研究稍显不足。典妻、卖休行为在传统社会中具有深厚的土壤，因此深入分析相关契约和族谱等民间文献有利于研究者进一步拓宽学术视野，揭示底层百姓的生活状态。但该书清代部分的诉讼案件主要取自乾隆年间的刑科题本和巴县司法档案，以升级为命案的卖休诉讼为焦点，有限的考察使该书对司法内部，以及司法和社会关系的探讨失去了重要维度。如该书以某湖北官员曾针对卖休案件请求严惩媒人的奏折为例，指出地方官员对卖主的生存困境抱有同理之心，[①] 而后又针对刑科题本的案例判决认为这类行为"在法律实践中很难获得官员的同情"，最后的判决"未有证据显示法律考虑到贫困的现实及妇女的处境，在判决时多严格比照律例"。[②] 由于材料限制，这些个别的案例分析似乎很难全面地反映法律的社会实践形态，而结论也仅适用于关涉命案的卖休诉讼。该书未能对普通的卖休案进行讨论，因此无法进一步探讨同类行为在中央和地方审判程序中是否会受到不同对待；也无法得知地方官在遇到律文没有直接规定的情形时，又是怎样进行法律适用；而地方宗族内部对于此类违反官方礼教话语的行为持何评价……此外，该书考察长时段的法律实践，学术视野宏阔，旨在超越形式主义法学和大多法社会学研究缺乏纵向跨时视野的缺陷，但在论述清代以来的变迁时难以兼顾历史叙述的连贯性，如第三章"民国时期的妇女离婚诉讼"作为从清代至民国法律实践的过渡章节，仅关注中华民国建立后的时段，而未考察此前的北洋时期，与主题稍有脱节，使其对历史变迁的总体把握存在一定的欠缺，可能会让读者认为总体结论是研究者的先入之见。

---

① 赵刘洋：《妇女、家庭与法律实践：清代以来的法律社会史》，第 109—110 页。

② 赵刘洋：《妇女、家庭与法律实践：清代以来的法律社会史》，第 112、114、121 页。

以上种种仅是细枝末节，《妇女、家庭与法律实践》一书结合历史学、法学和社会学等研究视野，成功地以一个启发性视角看待妇女问题的过去、现在和未来，是中国学者将"人的实践"落到实处的可贵尝试。

颠覆抑或误读？

——评《杉木与帝国：早期近代中国的森林革命》及其史学贡献

孙聪文*

〔美〕**孟一衡**：《杉木与帝国：早期近代中国的森林革命》，张连伟、李莉、李飞、郎洁译，光启书局，2022。

由美国圣约翰大学历史学助理教授孟一衡著、光启书局2022年出版的《杉木与帝国：早期近代中国的森林革命》引发了学界对中国古代环境史的再思考。当下"绿水青山就是金山银山"的环保理念早已深入人心，那么中国古人对林业建设与经济发展形成了怎样的认知？二者之间能否实现平衡与协调？孟一衡"森林革命"与"大造林"的观念为理解该问题提供了新的可能性。

一　重构：从林业管理到经济史分期

"导论"部分提出了该书的总体设想，即重构中国林业史的可能。这意味着需与既有环境史研究进行对话与商榷，如马立博《中国环境史：从史前到现代》称："但是中国在成功创建、拓展和维持它特有的从环境中提取能源方式的同时也造成了长期的耗损。到1800年，它的

---

*　孙聪文，南开大学历史学院博士研究生。

森林砍伐程度已相当严重而不得不面临一场前近代的能源危机。"① 但该书作者孟一衡则认为：11 世纪以降，市场对木材需求数量的急剧上升促进了中国新型森林管理方式的诞生。在 1000 年至 1600 年，虽存在"生态多样性和复杂性降低"等问题，但中国的森林管理体系仍处于有效运转状态。正是既有体系遭遇冲击，才导致 19 世纪中国森林的灾难性毁坏。

而森林管理模式的转变，包含以下多重维度。

其一，在制度层面上，"管理者通过税收、劳动力和商业等多方面的监督来监管森林"。对森林的管控可拆解为两个步骤：调查林地与管理森林资源。与林地调查相伴随的，是土地所有权的确立、木材贸易的开展，乃至王朝国家的开发史。南方的部分高地居民在森林市场生成后，形成了既与"退到深山里的族群"相异却又不能融入低地社会的新型社会群体（作者称之为"森林族群"）。他们利用国家制度与市场机制获取了新的身份，呈现出"被统治的艺术"。而在管理森林资源的过程中，地方官员无须直接管辖每一处林地，仅以税收为手段便可实现对私人木材贸易的掌控。

其二，在经济层面上，依托于管理模式从赋役到市场的转化，木材交易领域的"自由市场"得以生成。修筑官署、宫殿即木材使用的重要途径之一，先前官府视伐木为徭役，而伴随着"行政管理改革"，官方力量也逐步成为木材市场的购买者与受益者。

其三，在生态层面上，以杉树为代表的树木种植虽能够满足市场需求，但也意味着生态多样性的降低。传统士人对植物问题缺乏关注，博物之学停滞不前。

在此基础上，作者尝试重新思考历史分期，即打破朝代更迭，转而

---

① 〔美〕马立博：《中国环境史：从史前到现代》，关永强、高丽洁译，中国人民大学出版社，2015，第 8 页。

以地方森林管理的视角切入 12—16 世纪于中国南方地区存在的"商业网络的重要连续性"。从南宋到明前期，森林经济与森林景观并未发生显著变化，而明中叶以后的人口爆炸、生态退化与社会矛盾的激化，才导致中国森林体系的衰退与崩解。该书以新颖的视角为读者呈现了历史现象的延续性：从森林管理方式入手考察绵延数百年的商业网络，虽仅为管中窥豹，仍需对更多类似个案进行考察，但依然为中国经济史研究做出了有益的探索与尝试。

二　内容概述

第一章以"富足的终结"为名，说明自原始社会以降国家对山泽的管理方式主要为征派劳工砍伐林木，但限于开发能力，朝廷实际上无法控制所有森林资源。对森林的利用依托于自然丰足（即取之不尽，用之不竭）的预设，直至宋代因环境恶化、城市建设和商业资本涌入导致了木材危机。国家力量与民间商人均介入木材的培育与贸易之中，植树造林、积极扩大采伐范围成为被迫的应对之策，这也构成了"森林革命"的宏观性历史背景。

第二、三、四章从经济史角度切入，探讨森林产权的确定、延续及其历史影响。第二章"边界、税收与产权"描述了 12—14 世纪的一系列改革如何影响森林产权的界定。李椿年所确立的制度变相承认了森林作为私有财产的合法性，而所有权的明确又为私人植树谋利提供了法律依据，这激励了商业造林的兴起，也切实缓解了宋代以降的木材危机。第四章"契约、股份和讼师"利用契约文书探讨林地产权的延续性。即便在动乱时代，地主仍不遗余力地保障林产的合法性。在产权得以固定后，林主通过划分股权等方式分解林业经营过程中的风险。但在商业交易以外，林地仍面临着复杂的股份制、漫长的成材期及突发情况（如火灾与盗窃）的威胁，进而导致纠纷与诉讼的产生。在律法缺席的情况下，民间社会的合同与诉讼成了林业法律创新的源头。而第三章"猎户与寄居家族"则揭示了由经济活动导致的社会结构变动：作者关注到了当森林变为私有财产后的职业分工与人口流动。与一条鞭法的推行相伴随，国家对林地的税收由实物转化为白银，森林经济的商业化不可避免。作为投资者的徽商在木材贸易中谋利，客家人则以"寄居者"的身份参与到低地社会的林业活动之中，不同的行为主体在国家政策下面临着不同的境遇。

第五、六、七章阐述了林木与王朝国家政治权力之间的紧密联系。在第五、六章中，作者以"木与水"为题，考察了国家对木材的管理制度与使用途径。国家无须直接监督林地，仅依靠关税制度便可对木材贸易网络施加影响，且该体系在宋元明清并未中断。水军的发展促进了木材市场的扩张，木材市场对官府船只建造的供应能力不断增强。第七章"北京的宫殿与帝国的终结"揭示了宏大建筑背后对原始木材的需求。永乐朝的宫殿建设伴随着大规模的强制劳动与朝贡索取，而后世的采木活动再也无法重现昔日的辉煌。官府直接向土司索求木材越发困难，向商人采买成为明代后期及清代皇木的主要来源。

在作者看来，中国的森林管理模式"既早熟又奇特"：从产权与税收入手，国家实现了对木材交易的整体性管控，11世纪以来的政权更迭并未改写林业贸易的基本图景。然而，森林问题所引发的变动却并非无关大局：明清时期林地生态环境的退化、客家人与棚民的流动及其所引发的冲突与动荡，或许有助于理解中国为何在"大分流"时代走向衰落。

三　评析与思考

该书力图挑战既有的中国环境史研究范式，这不仅是作者本人的期许，① 更体现在保罗·S. 萨特所作序言之中："他（伊懋可——引者注）的权威著作《大象的退却：一部中国环境史》将野生大象数量的减少作为一项指标，证明中国环境史的决定性趋势：'长期的毁林和原始植被的缺失。'"而孟一衡著作的意义之一，就是揭示了在伊懋可所言之"大毁林"外另有一条"大造林"的历史线索。该书译者在"译后记"中也强调了类似的观点。

　　然而伊懋可真的忽视了中国森林开发过程中所呈现的阶段性特征吗？《大象的退却：一部中国环境史》第四章"森林滥伐的地区与树种"勾勒了中国林业的发展变迁史。② "在上古晚期，中国的心脏地带曾有相当可观的森林覆盖"，而在"大约一千年前的中古经济革命"时期，"木材的严重短缺甚至在有些地方的消失首次得到记载"，对应着孟一衡在第一章中所描摹的富足之终结，而官府与商人的应对之策就包含了"最早进行了大面积造林的努力"。③ 伊懋可总结称："因此，基本结论是，纵然在中国的某些地区，如长江下游流域，森林危机的根源在时间上相当深远，但是普遍而言，中国的森林危机大约只有 300 年的历史。"④ 这与孟一衡的结论基本一致。

　　故而，该书在叙述理路上并未如其所声称的那样完全摆脱了既有环境史的研究框架，笔者甚至认为其对伊懋可的学术观点存在一定程度的误解。仅就森林的利用与开发而言，伊懋可并未完全忽视普遍存在的

---

① 在中文版序言中，作者称："伊懋可（Mark Elvin）的著作，以及马立博（Robert Marks）的概述性英文学术研究，构建了以衰退的叙事模式来理解中国环境史的总体框架。"

② 〔英〕伊懋可：《大象的退却：一部中国环境史》，梅雪芹、毛利霞、王玉山译，江苏人民出版社，2014，第 45—91 页。

③ 〔英〕伊懋可：《大象的退却：一部中国环境史》，第 90 页。在原著中，伊懋可的表述为"and also by the first efforts to replant large stands of trees"，参见 Mark Elvin, *The Retreat of the Elephants: An Environmental History of China* (New Haven and London: Yale University Press, 2004), p. 85。

④ 〔英〕伊懋可：《大象的退却：一部中国环境史》，第 90—91 页。在原著中，伊懋可的表述为"The basic conclusion is that China's general forest crisis is only about three hundred years old"，参见 Mark Elvin, *The Retreat of the Elephants: An Environmental History of China*, p. 85。

"造林"现象，也明确表明中国的森林危机在孟一衡所关注的"早期近代"（宋至清中叶）并未爆发。

但这并不意味着笔者对该书持否定态度：该书的价值在于将生态问题与王朝政治、经济贸易、法律运作相结合，拓展了环境史研究与对话的领域。作者关注到伴随着土地权利的斗争，清代中后期客家移民在历史进程中可能发挥的重要作用。在论述这些"暂时性地接受国家的统治"的客家人时，作者提示了"本地人在地方社会中自下而上地利用国家的语言提升自己的地位"[①]的可能，但未能做进一步阐释。国家秩序如何切实影响民众生活，而民众的应对之策又如何反作用于王朝国家制度？由林地塑造的社会形态为历史人类学的考察提供了新场域。同时，所谓"靠山吃山"，林地社会如何充分利用当地资源、构建商业版图？作者对林业管理体系与商业贸易网络的梳理亦为该书的创新之处，栽种树木的择选、林地产权的确立，均与经济利益密切相关，呈现出高度市场化特征。而与经济生活相伴随的便是权利、秩序与规范，该书第四章中"木材法律"一节又将问题引入法律史范畴，作者以契约文书为史料来源，说明在保证税收的前提下，林地的经营管理方式早已摆脱了官府的规范，呈现出法律条文框架之下更为鲜活的经济运作实态。因此，林木的种植固然与生态环境紧密相关，但更是多重因素影响下的必然结果。作者以树木为核心，勾连了诸多与环境史相关的研究领域，并初步提示了深入探究的门径，这才是笔者所认为的《杉木与帝国：早期近代中国的森林革命》在史学研究领域最为突出的贡献。

[①] 刘志伟：《溪畔灯微：社会经济史研究杂谈》，北京师范大学出版社，2020，第137页。

评《中国传统租佃的情理结构：清代后期
巴县衙门档案研究》

赵栀怡*

凌鹏：《中国传统租佃的情理结构：清代后期巴县衙门档案研究》，商务印书馆，2022。

租佃关系是中国传统社会的重要议题，不同视角下延伸出多个研究主题。目前学界大致有三种视角：一是阶级关系，关注人身依附关系的演变、租佃关系的转变、赋役制度的变迁等问题；二是经济关系，关注经济契约关系、地主的土地占有量、各地的实际地租率、农民的生活水平以及商品经济的影响等问题；三是伦理关系，关注儒家思想的"伦理性"，包括传统社会伦理和道德规范对租佃关系的影响。

凌鹏所著《中国传统租佃的情理结构：清代后期巴县衙门档案研究》，基于作者的博士学位论文撰写而成，于2022年12月由商务印书馆出版。该书作为中国传统租佃关系研究的最新著作，从身份关系和经济关系两个视角，结合当时人对于租佃关系的理解，探讨了地主与佃户、租佃与基层社会、租佃与市场经济、租佃与地方政府等四种关系。其中，作者将租佃关系中的"情理结构"贯穿全书，最终形成了中国传统治理结构与情理结构。

---

* 赵栀怡，厦门大学历史与文化遗产学院博士研究生。

首先，作者指出同治时期巴县地区的"主客关系"可以从经济和伦理两个视角来理解，这在个人层面上构成了租佃关系的基本模式。而"团""团邻"等基层社会组织在实施"照市纳租"的"减免"习俗时，所起到的核心作用使得"主客关系"又具有地域性质。作者为扩大基层社会的地域范围，围绕"重押轻租"和"轻押重租"等现象，从市场经济层面继续探究地方社会对租佃关系的影响。面对"主客关系"、"减免"习俗与市场原则发生冲突而产生的众多诉讼案件，作者讨论了政府部门与租佃关系发生的直接或间接联系。作者在讨论诬告等诉讼案件时指出，知县裁断时会综合考虑个人、基层社会以及市场经济层面等各个维度的"情理"，最终对"庶民"完成"从单一到综合的情理教化"。其次，作者通过对众多案件的分析，从另一个角度探索了巡检、团约、士绅等三层治理主体在地方基层治理中形成的复杂机制，发现这三层治理主体与知县构成了清代基层治理体系，根本精神在于多层治理带来的对人心的"教化"。据此，作者得出结论，同治朝巴县的租佃关系由五个层次的内容构成：底色是经济，基础层次是"主客关系"，强化机制是"减免"习俗，作用条件是市场原则，秩序的重建机制则是情理裁断。

从全书的结构来看，该书共分为三个部分。

第一部分即序章和第一章，主要是引入了该书的问题意识、学术史以及巴县的基本背景介绍。作者以三个与租佃关系相关的诉讼案件，引出该书的四个课题。带着这些问题，作者先后回顾了中日学界关于中国租佃关系的学术史，确定了整体研究框架。为了进行更为深入的社会史研究，作者对清代巴县档案材料、清代巴县地方以及同治朝巴县档案中的租佃类案件进行梳理。

第二部分即第二章至第七章，为该书的主干，主要由地主与佃户、租佃与基层社会、租佃与市场经济、租佃与地方政府等四个课题构成。

　　第一个课题主要讨论"主客"的概念，即地主与佃户的关系。作者从清代巴县农村"抗租""骗租"等涉及拖欠租谷的纠纷案件入手，考察当时地主、佃户对于租佃关系的具体感受，由此发现了清代巴县地方租佃关系之基轴的"主客关系"，从而得出了一个对租佃关系新的理解，即巴县的百姓是以"主客关系"这一"名"来理解租佃关系，并在此基础上理解和处理各类纠纷。

　　第二个课题主要探讨"减免"惯习，即租佃与基层社会的关系。第三章，作者先从康熙、雍正到乾隆时期的"减免"政策变化中，察觉到政策与习俗之间的关系。接着，为了深入探究"减免"习俗的具体运行，作者以多份租佃契约确定清代巴县的"减免"习俗为"照市纳租"，其中最为关键的是团邻等参与的具体调解纠纷和确定减免数额的活动。据此，作者认为"团"这样的基层社会组织参与的"减免"惯习在社会层面上维持了地主与佃户之间的基础性"主客关系"。第六章续接第三章的内容，首先，作者以历代团规的演变来看"团""社会性"的形成过程；接着，以巴县地区团的户数规模和地理环境来解释"团"得以成立的社会性必要条件；最后，作者从团与官、团与团、团与民三个角度，研究团练的"社会性"的形成过程以及社会学意义。因此，作者认为"团"利用官方给予的合法性，实现了自身的社会性，这使西南地区的近代"公事化行政"得以实现。

　　第三个课题主要分析押租与租谷之间的关系，即租佃与市场经济的关系。作者用租佃契约阐明了巴县地方"押佃"习惯的特点，结合同治时期巴县的土地生产力、谷物价格，以及借贷的利息等基本经济数据，计算出押佃银与租谷之间的具体数量变动关系。通过数据分析，作者得出结论，当时的巴县存在偏于极端的租佃关系，存在较高的平押标准以及大量"重押轻租"和"轻押重租"的极端情况，这使租佃纠纷和诉讼频发。因此，作者探讨了重庆地方的都市-农村商品经济对巴县地区的押佃制度和农村社会的影响，认为这种影响是由地主与佃户共同需要面临的挑战与风险引起的，这种挑战和风险深刻影响了租佃关系甚至是农村社会整体的社会关系。

第四个课题主要论述租佃关系与国家之间的关系，即租佃与地方政府的关系。作者从租佃相关诉讼案件中频繁出现的诬告问题入手，按当时人对诬告的理解进行分类，分析了"非有心诬告"行为的内在逻辑，即"主客关系"与市场原则的冲突和"减免"习俗与市场原则的冲突。接着，作者结合地方官对具体案件的裁决方式，揭示知县是如何从情理的"单一维度"达到"综合维度"，通过"情理裁判"实现对"庶民"的教化过程。

同时，作者还从另一个角度探讨了县及以下基层治理的整体性问题。作者先介绍了木洞镇与仁里九甲概况，整理了这两个地区的诉讼案件。通过这些案件，作者提出了"巡检—团约—士绅"的三层结构。接着，作者以一个案例具体说明巡检、团约以及民众在具体事件中的复杂关系。最后，作者提出了一套由"暴力保障"、"地方情理"、"公共教化"和"教化治理"共同构成的清代地方基层治理体系。

第三部分即第八章，主要是总结归纳全书内容。作者总结和升华了各章的内容，并串通各章，从而连接了治理结构与情理结构，将同治时期的租佃关系，从个人层面上升到政府、国家层面，这有助于我们深入理解租佃、社会与治理之间的关系。

综观全书，笔者认为该书主要有以下几个方面的特色。

第一，该书体现了作者敏锐的问题意识和现实关怀，其核心学术贡献表现在两个方面。一是以往研究清代巴县档案的论著多关注工商业、官绅与社会治安、民事生活、民风民俗等方面，而该书以中国传统租佃的情理结构为选题，填补了利用巴县文件系统探究巴县地区租佃关系的空白，深化了读者对巴县地区租佃制度的认识，同时也与上述诸多论题产生互动，为巴县档案的研究注入新的活力。二是在中国传统租佃关系研究领域开辟出一条新的研究理路，以往学界研究租佃关系大多从阶级、经济、伦理等角度出发，该书则综合这三个视角开启了对中国传统社会租佃关系的新解释。首先，作者立足于当时人对租佃关系的理解，提倡回归到真实的历史情境中，重视租佃关系中的情理结构，从"主客关系""社会习俗""市场经济""国家政府"等方面层层递进，展现出情理不断塑造地方秩序和当时人的心态、行动方式的过程。其次，作者构建的"情理结构"和"治理结构"对于当代中国的政治与社会关系也具有重要启示作用。

第二，该书数据翔实，视野开阔，不仅响应了学界一些重要的议题，还提出了相对独到的见解，主要有五个方面。一是作者在学术史上打通了中日对传统中国社会租佃关系研究的脉络。二是作者对国家制度运作和制度变革也有部分描述和论证，如历来研究强调的"赋从租出"，中央政府下达的租额"减免"政策的演变，作者结合政策本身和基层社会的具体情况进行了详尽的阐释。三是以往学界多偏重于研究团练的军事性质，作者则探究了"团"社会性质的形成，以及"团"在维持"主客关系"中发挥的核心作用。四是学界对押租的讨论多偏重于性质的辨析，或是笼统地阐述其与商品经济和农村社会的关系，而作者结合多种基本经济数据对押租与租谷的具体数量关系进行计算分析，还原了传统市场经济与货币经济对租佃关系的实际影响。五是对于诉讼背后情理的讨论，学界很少有人将情理放在具体的事件中进行细致分析，而作者层层抽丝剥茧，以地方档案中的"诬告"案件为切入口，从地主、佃户、地方官三者的态度综合探究，实现了从情理的"单一维度"到"综合维度"的转化。

第三，该书不仅采用了论从史出、史论结合、以论带史的历史学研究方法，而且根据具体的论证情形，综合运用经济学、社会学和法学等多个学科的研究方法。例如作者分析清代巴县农村的租佃实态时，采取

以上多种历史学研究方法；探讨押佃银和租谷关系时，通过统计软件 R
进行平租系数的检验，是采取了经济学的方法；总结中国传统社会中的
情理结构和治理结构时，综合利用了社会学和法学成果，深化了全书的
理论深度。

不过，该书也有以下几点需要完善。

第一，学术史尚可完善，缺乏欧美学者的重要研究成果以及部分中
国学者的研究成果。例如，关于中国传统租佃关系的研究没有提及中国
学界吴承明、章有义、周远廉、曹树基、龙登高等人的研究；欧美学界
卜凯、德·希·珀金斯、白凯、曾小萍等人的著作也没有涉及。

第二，内容结构衔接不够紧密。如第三章主要讨论清代巴县租佃关
系中的"减免"习俗，由此引出"团""团邻"所起到的关键作用，
但第四章并没有继续讨论"团"的社会性，而是开始讨论清代巴县农
村的"押佃"问题，直到第六章才开始续接第三章的内容。类似的还
有第五章和第七章。

第三，部分观点有待商榷。一是该书提出"主客关系"不是宋代
身份法上"主户"和"客户"之间的关系，而是基于个人身份形成的
自由的关系。笔者认为巴县档案中的"主客"恰恰是宋代身份法上
"主户"和"客户"的延续，"主户"为承担赋役的纳税户，"客户"
为不占有土地，租种土地的佃农，故"主客关系"构成了一定的赋税
关系。二是关于该书中"减免"习俗和"押租"的市场原则。首先，
由于史料不足，作者只能以个别案例进行考证，这难以作为普遍性规
律；其次，作者在讨论"重押轻租"和"轻押重租"现象时，更多展
现的是当地社会情况，缺乏一定的经济理论，对经济因素解释较为浅
显。笔者认为将道德经济学与市场原则结合可提升这部分内容的理
论性。

第四，史料有待扩充。该书利用的主要材料为咸丰与同治年间的巴
县档案，其他例如家谱、契约文书等民间文献资料相对比较匮乏，也缺

少实地田野考察。因此，虽然该书回应了学界的很多问题，但没有展现出巴县地区具体的区域特点。

总之，该书是作者近十年潜心研究的成果，具有广阔的学术视野、严密的分析逻辑、独特的解释体系、丰富的文献数据和新颖的结构模型，对理解当代中国的政治与社会关系具有重要启示意义。

晚清督抚研究的新视角

——评韩策《江督易主与晚清政治》

武　勇[*]

韩策：《江督易主与晚清政治》，北京大学出版社，2023。

晚清为近代中国的巨变时代，面临所谓"三千余年一大变局"，督抚研究一直是晚清史研究的热点问题。总体上来看，学界认为，晚清督抚权力相较于清代前中期有扩大趋势，但是否达到"督抚专政"的程度则有待考察。学者们在研究中提出"外重内轻""湘淮分治""权力外移"等观点，以揭示造成晚清中央与地方关系变化的内在逻辑。韩策新著《江督易主与晚清政治》[①]则从长时段视角考察晚清两江总督的人事变动，揭示道咸以降东南三次大的权势转移，探讨晚清督抚的南北问题。有别于有关督抚研究的"外重内轻""湘淮分治"等观点，作者提出"有重心的同治"观点，更多强调中央与地方的妥协与合作关系，突破以往对晚清中央与地方权力关系静态化、简单化的论述模式。

早在清末，时人已经注意到"湘人江督"的现象，但对该现象背后的历史过程及原因未有深入探讨。该书从"湘人江督"现象入手，总体上考察有清一代两江总督的更替问题。作者在书中提出的问题是，

*　武勇，中山大学历史学系（珠海）博士研究生。
①　韩策：《江督易主与晚清政治》，北京大学出版社，2023。

清廷如何通过两江总督的人事更替保持其对两江及全国大局的控制。随着"湘人江督格局"的终结，既有的南北平衡被打破，清王朝覆灭。作者认为，同光时期东南地区形成了所谓"湘人江督格局"，这一格局的形成及终结，是清廷根据湘淮、南北、满汉、中外新旧的"同治"形势不断调整的结果。该书正文除前言、结论外，共分为六章，依照时间论述。

第一章可视为全书论述的背景。作者在既有研究的基础上，注意到嘉道时期湘人经世致用学风的兴起，以及东南地区"湘楚渐盛"的特殊新局面，特别是清廷为镇压太平天国，在军饷筹措、人事任用方面做出了打破规制的新决策。曾国藩被任命为两江总督即是打破汉人督师与督抚不能合为一人的传统，但曾国藩并未能稳坐江督，由此引出所谓"湘人江督"问题。

第二章至第六章为全书的主体部分。作者大致采用时段与专题相结合的方式，探讨同治三年以后至光绪三十三年以前清廷为何主要选任湘籍人士为两江总督的问题。第二章主要探讨"湘人江督格局"的形成过程，其标志性事件为同治九年李鸿章担任直隶总督兼北洋大臣。经过李鸿章对畿辅军事、财政的经营，北洋势力逐步膨胀，朝廷贯彻湘淮分治南北洋策略的成效才逐步明显。到光绪七年左宗棠担任两江总督，湘人江督格局形成。朝廷最初的选官原则为进士出身且非湘非淮，其后从"忌讳"湘人任江督，到追求南、北平衡，湘、淮分治，形成所谓不成文的规定，共同维护清朝的统治。第三章探讨从光绪六年以后至东南互保时期两江总督的任命问题。其间历经甲午中日战争、戊戌变法以及庚子事变等重大历史事件，随着李鸿章及北洋势力衰减及人事震荡，不仅湘人江督格局得以维系，而且形成了东南互保的局面，尤其以刘坤一两任两江总督最为关键。第四章探讨湘人江督格局的崩塌。在庚子事变中，东南数省以两江总督刘坤一为首竟不奉诏，为清廷裁抑东南势力埋下伏笔。其最初手段包括但不限于削弱军力、调整人事、宣召觐见等，同时随着畿辅军事防卫的重建，朝廷培植并利用袁世凯及其北洋势力，通过打击盛宣怀等南洋势力，意图控制两江财赋之地。在中枢重臣瞿鸿機的支持下，两江总督虽然维系了任用湘人的传统，但格局已难以为继。第五章则论述"北洋下南洋"及湘人江督格局的终结。以北洋系人物周馥"意外"担任两江总督为标志，东南地区湘系势力遭到重创。第六章从江督选任视角，梳理庚子事变以后，中枢新势力的崛起及矛盾的生成、积累和演变，对丁未政潮的酝酿过程及影响做出新解释。

在结论部分，作者提出了三个重要观点。第一，东南地区的三次权势转移：道咸之际从八旗到湘楚的转移，同光时期湘人江督格局的形成和维系，以及庚子之后湘人江督格局的终结与"北洋下南洋"的形成。第二，晚清南北洋新体制以及重心的形成、平衡和转换，而辛亥革命最终发生，也与南北之间力量的失衡有密切关系。第三，晚清"有重心的同治"。对罗尔纲、刘广京等人秉持的"外重内轻"观点进一步深化，作者认为晚清地方督抚虽未形成"督抚专政"，中央对地方督抚的人事任命等权力也不宜夸大，且受到种种限制，如两江总督的选任即受到中外关系、湘淮南北平衡、洋务交涉等因素影响，是清廷根据形势所做出的调整。晚清的政治态势既有斗争，也有中央对督抚的妥协与合作，既有重心，又讲平衡，体现为一种"同治"的态势。

全书通过长时段的考察，使晚清时期两江总督选任背后的中外形势、选人倾向以及权力分合演变脉络得以清晰呈现。尽管以往对两江总督等问题的研究已有所论述，但作者仍在以下几个方面有所突破。

第一，新史料与新成果的运用。该书运用了大量未公开出版史料如中国第一历史档案馆相关史料，台北故宫博物院所藏清宫档案，中国社会科学院近代史研究所所藏函札、日记等资料，以及近年来出版的新史料，如上海图书馆历史文献研究所编《历史文献》、《近代史资料》、《近代名人尺牍汇刊》、《香港中文大学藏盛宣怀档案全编》、《近代史所藏清代名人稿本抄本》等资料，尤其是有关晚清中枢相关史实与关系的钩沉，为该书的论述与研究深度奠定了坚实的文献基础。同时作者还利用近年来关于晚清督抚、政治事件研究的新成果，从江督视角做出新的讨论。

第二，研究视角与问题的创新。邱涛的研究已经注意到，太平天国以后清廷虽不得不依靠湘淮集团，并与之分享部分权力，但通过各种统治策略的调整，仍然掌握军、政、财大权。① 韩著则选取从晚清的"湘人江督"这一现象入手，长时段考察两江总督的选任问题，进一步探讨清廷如何通过两江总督的选任，保证南北、湘淮之间的权势平衡，以此透视晚清政局的演变逻辑。通过对曾国藩、马新贻、左宗棠、刘坤一等历任两江总督任职前后的层层解析，勾勒出晚清中枢对两江人事调整的特点。

第三，着眼于解析晚清政局演变的学术关怀。两江地区向来被视为"财赋重地"，两江督抚察吏、缉盗、整顿营伍为其专责，兼辖钱粮、漕务、河工、盐政，同治年间又职兼南洋通商大臣，其职权扩张与晚清时期的中外危机密切相关。两江总督的人事调整及地方稳定对清廷的统治和近代中国政局变迁具有重要意义，故而两江总督易主为政坛大事。作者通过江督选任敏锐地观察到东南的三次权势转移，其背后往往有影响晚清历史走向的内外局势，其中关键因素为清廷的"平衡术"，抑制与培植相互交替。湘人江督格局的形成，是李鸿章及其北洋势力扩张之下，清廷采取制衡办法的结果，"北洋下南洋"也是清廷裁抑东南势力的结果，但却意外培植出袁世凯及其北洋势力，为晚清民国的政局走向提供了一条解释线索。

第四，对中枢政局变动对地方督抚影响的论述。晚清学界对中枢的研究一直较为薄弱，从林文仁的《南北之争与晚清政局（1861—

---

① 邱涛：《同光年间湘淮分野与晚清权力格局变迁（1862—1895）》，社会科学文献出版社，2018，第 10 页。

1884）：以军机处汉大臣为核心的探讨》，[1] 到石泉的《甲午战争前后之晚清政局》，[2] 两书对晚清中枢权力格局虽有长时段的考察，但对中枢权力交替与地方督抚之影响研究不足。同时，以往对晚清政治的讨论，一般以中央与地方关系为要，将之视为天然对立的关系。这种结论是清王朝灭亡以及民国军阀纷立的逆向逻辑推理的结果，忽视了清廷对地方一直保持着有力的控制。该书突破以往"外重内轻"或者对立视角探讨中央与地方关系问题，以江督任命为主线，以动态视角呈现中央如何平衡满汉、南北（湘淮）关系。近年来相关新史料的出现，也为进一步探讨晚清中枢与地方督抚的妥协与合作提供了基础，而韩书正是利用了这些史料，在既有研究基础上考察中枢对江督人事的考量和运作，并提出了"有重心的同治"的观点。

南北关系的平衡和演变是分析晚清政治格局的一条重要线索，也是该书的研究基础。清廷镇压太平天国和捻军前后，也确实存在所谓"南北"问题。从直隶的视角来看，同治元年末甫任两广总督的刘长佑调任直隶总督就颇值得关注，朝廷任命刘长佑出任直隶总督，即利用其带兵之长，补直隶军事之疲弱。湘淮军的崛起，引起了朝廷对南北失衡的担忧。同治二年，僧格林沁在讨论刘长佑所提出的直隶练兵方案时称，"专倚南方勇丁，恐一经示弱，日久轻视北方"。[3] 僧格林沁坚决反对在畿辅练兵中倚靠南方勇丁，也即注意到湘淮军的崛起所导致的南北方军事力量失衡的问题，朝廷采取的办法为"南省营制，教练北省之兵"，并擢任有带兵经验之南人为直隶总督，以加强畿辅的军事力量。曾国藩担任直隶总督的要务之一，即为整顿直隶练军。到同治九年天津

---

① 林文仁：《南北之争与晚清政局（1861—1884）：以军机处汉大臣为核心的探讨》，中国社会科学出版社，2005。
② 石泉：《甲午战争前后之晚清政局》，生活·读书·新知三联书店，2023。
③ 刘长佑：《遵筹直隶全局练兵募勇以重畿辅疏》（同治二年十月十二日），《刘长佑集》第1册，岳麓书社，2011，第244页。刘长佑在同治二年十一月曾奏陈直隶将留勇5000余名驻扎畿辅（其中楚勇2100人），在随后所奏陈练兵方案中，也拟酌用楚军。

教案爆发，朝廷出于加强畿辅军事力量的考虑，命李鸿章率淮军主力进扎畿辅并担任直隶总督兼北洋大臣。这一方面加强了直隶军事力量，改变了直隶军事力量的构成；另一方面，朝廷打破畿辅不驻扎客勇的不成文规定，意味着在外来危机之下，清廷不得不倚靠淮军为拱卫京师之主要力量，也即在直隶汉人督师与督抚合二为一。淮军作为直隶最重要的军事力量，其主要饷源地为两江地区，朝廷对两江总督的任命也必然会从制衡角度进行考量。

该书的论证角度以及观点颇具新意，但仍有一些内容值得进一步探讨。

第一，两江地区权力结构的研究。两江总督所辖江苏、安徽、江西三省，下设江苏、安徽、江西三巡抚，共有江宁、江苏、安徽、江西四布政使，江苏、安徽、江西三按察使，其所辖地尚有江宁将军、京口副都统，江宁、苏州二织造，江苏淮安又驻有漕运、河道二总督，这样政出多门的职掌，其权力是如何分配的？特别是经历太平天国战争以及第二次鸦片战争以后，两江内部督抚等职官之间的权力关系如何？龚小峰的研究已经提出两江督抚权力因人而异的观点，[1] 该方面的研究有待进一步深入。另外，两江总督职掌尚需进一步深化研究，晚清两江总督职掌之重心已经有所变化。刘坤一在光绪十七年曾称："两江政繁责重，向以盐、漕、河三者为大宗。现在漕、河事件无多，均有定章可守，但使认真办理，当无贻误之虞。惟盐务弊窦日深，几至江河日下。"[2] 刘坤一的说法虽然是为整顿盐务以及两江财赋做铺垫，但也从侧面表明，两江总督职掌重心因时、因人而异。

第二，对财赋重地财政结构的解析。在清朝，江南地区素有"财赋重地"之称，康熙二十三年江宁巡抚余国柱称："国家鼎建两京之

---

[1] 龚小峰：《地域、权力与关系：对清代江苏督抚的考察》，《安徽史学》2012 年第 4 期。

[2] 刘坤一：《察看大概情形分别节省经费折》（光绪十七年六月初六日），《刘坤一奏疏》第 1 册，岳麓书社，2013，第 750 页。

外，分省一十有四，而江南最为重地。……国之大计，以财用为根本，而江南田赋之供当天下十之三，漕糈当天下十之五，又益以江淮之盐策、关河之征榷，是以一省当九州之半未已也。"① 乾隆元年，苏松常镇太粮储道姚孔鋹又称：江南"食货则田赋当天下六之一，关税当天下十之七，盐课当天下五之三，生聚之繁，物产之富，甲于海内"。② 如果说直隶作为"畿辅重地"，为清廷的军事防卫中心，则江南地区毫无疑问是清廷的经济中心。镇压太平天国运动前后，伴随着上海开埠与两江地区社会经济秩序的重建，两江地区虽仍是朝廷的财赋重心，但随着厘金、关税等财源的开辟，两江地区的财赋结构及两江的收、支两端发生了重大变化。

第三，该书虽称侧重对江督人事和江南驻兵的研究，但实际上对两江军事驻防的研究较为薄弱。除畿辅地区外，两江地区亦为朝廷军事布防的重要地区，这也是淮军长期驻扎江苏的重要原因之一。实际上，江苏在同治八年奏明变通营制，河标改设淮扬镇标并改设水师（分外海、内洋、里河三大支）；同治十年，曾国藩提及，两江地区除漕运总督所辖绿营外，共有绿营41营、新改水师11营、挑练新兵11营、留防勇营12营，额兵33400余名，实际为24200余名。③ 之后，两江地区的兵力、兵种也多有因革。此外，该书虽提及在"湘人江督"时期，刘坤一、左宗棠等有意增加湘勇在两江的数量，但此仅为排斥淮军之一端。如左宗棠任江督之时，还乘光绪八年李鸿章离津奔丧之际，将驻苏淮军之饷项改由江省就近支发，即由金陵军需局直接支放饷需，并将报销列

① 余国柱：《江南通志原序》四，国家图书馆藏乾隆元年刻本，第8b页。
② 姚孔鋹：《江南通志序》一三，第1b页。
③ 曾国藩：《查阅江苏营伍事竣回省陈明大概情形折》（同治十年十一月初一日），《曾国藩全集》第12册《奏稿十二》，岳麓书社，2011，第468页。

入金陵留防军需案内。①

综上所述，该书充分利用近年来新出史料及相关研究成果，旁征博引，在前人研究基础上提出新观点，长时段深入分析晚清以来朝廷对两江总督的人事任命背后的纷争，及其对晚清政局的影响，进一步加深了我们对晚清史的理解。

---

① 左宗棠：《驻扎江苏淮军请改由江省就近放饷折》（光绪八年三月二十日），《左宗棠全集》第 8 册《奏稿八》，岳麓书社，2014，第 75—76 页。朝廷谕令左宗棠与李鸿章"妥商办理"。根据淮军光绪八年度奏销折，驻江苏马步 18 营 1 哨归江苏支应。参见李鸿章《淮军报销折》（光绪九年十月二十九日），顾廷龙、戴逸主编《李鸿章全集》第 10 册《奏议十》，安徽教育出版社，2008，第 314 页。

征稿启事

　　《区域史研究》是由中山大学、香港中文大学、北京大学、厦门大学、武汉大学、清华大学、南开大学、华东师范大学、南昌大学、浙江大学的一批志同道合的学者共同创办的学术集刊，旨在为区域史研究者提供一个分享最新研究、交流最新思想的平台。本集刊设有学人访谈、专题研究、研究综述、读史札记、田野笔记、书评等栏目，现面向海内外学界征稿，来稿要求如下。

　　（一）论文字数一般不超过 3 万字，须有中文摘要（200 字左右）以及 3—5 个中文关键词；读史札记、田野笔记一般不超过 1.5 万字；书评一般不超过 4000 字，有深度的书评，则不受此限。

　　（二）文责自负。除非事先说明，否则编辑部对文字内容均可适当处理；译稿一律附原文。

　　（三）本集刊采用社会科学文献出版社的投稿格式和注释体例，请各位作者投稿前务必参照修改。来稿统一采取页下注方式，每页重新编号。出自同一文献的注释第二次出现以后，只需标明著者、篇名、卷次、页码即可。

　　（四）来稿请通过电子邮件寄至 lingnanculture@126.com，并在邮件标题栏中注明：《区域史研究》投稿。

　　（五）本集刊实行双向匿名审稿制，来稿时请将姓名、工作单位、联系方式、职称等反映作者信息的个人资料另页附上，并在正文中避免出现作者的相关信息。

　　（六）请勿一稿多投。收稿后逾 3 个月未做答复，作者可自行处理。

（七）本集刊不以任何形式收取编辑费、审稿费、版面费等费用。稿件一经发表，即奉稿酬，稿酬从优，并赠送作者样刊 5 册。

（八）本征稿启事常年有效。

《区域史研究》编辑部

图书在版编目（CIP）数据

区域史研究. 2023 年. 第 2 辑：总第 10 辑 / 温春来
主编. -- 北京：社会科学文献出版社，2025.1.
ISBN 978-7-5228-4864-8

Ⅰ. K29-55

中国国家版本馆 CIP 数据核字第 2025DW6296 号

区域史研究 2023 年第 2 辑（总第 10 辑）

主　　　编 / 温春来

出 版 人 / 冀祥德
责任编辑 / 汪延平
责任印制 / 王京美

出　　　版 / 社会科学文献出版社·历史学分社（010）59367256
　　　　　　地址：北京市北三环中路甲 29 号院华龙大厦　邮编：100029
　　　　　　网址：www.ssap.com.cn
发　　　行 / 社会科学文献出版社（010）59367028
印　　　装 / 唐山玺诚印务有限公司

规　　　格 / 开本：787mm × 1092mm　1/16
　　　　　　印张：14.25　字数：190 千字
版　　　次 / 2025 年 1 月第 1 版　2025 年 1 月第 1 次印刷
书　　　号 / ISBN 978-7-5228-4864-8
定　　　价 / 99.00 元

读者服务电话：4008918866